マーフィー 人間関係につまずかない 55の法則

マーフィー理論研究会 編著

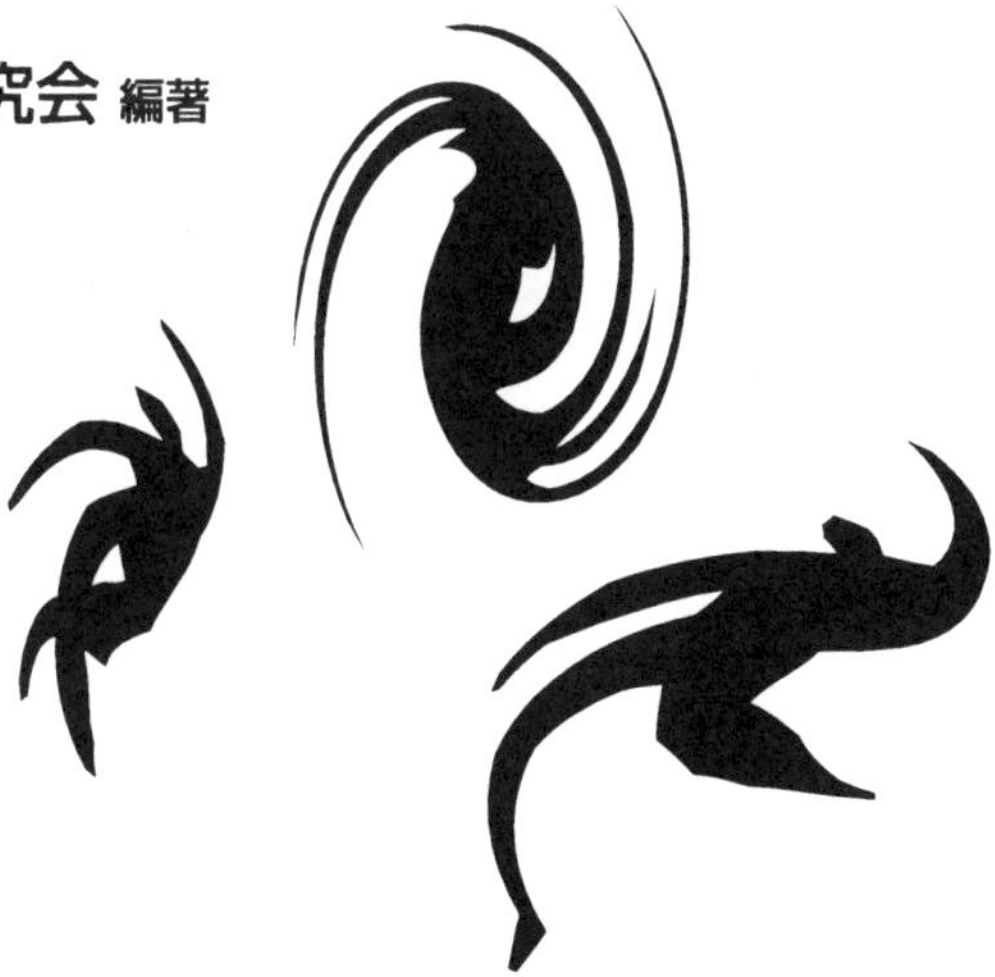

まえがき——この本の活用の仕方

人間関係の難しさ、あるいは煩わしさに悩まない人はこの世にいないといってよいでしょう。会社を辞める人の多くは仕事上の失敗や厳しさではなく、人間関係に疲れたせいだと言います。また、近所の人との軋轢によって住み慣れた家を引っ越していく人もいます。さらに恋愛関係がこじれて殺傷事件を起こす例も後をたちません。

「人間」とは、人の間と書きますように、私たちが社会生活を営んでいくうえで、人と人との関係は切っても切れないものがあります。

この世に生を享けて以来私たちは、人間関係の海の中で生きていくことを運命づけられます。両親、友達、近隣の人々、会社の同僚・上司、さらに恋人、夫婦。利害関係も違えば性格、環境を異にする多くの人々との関係の中で一生を送っていきます。そのため、他人との関係がうまくいかないからといって人間関係を放棄し、人との交わりを絶ってしまっては私たちの社会生活は成り立ちません。

どうやって他人との折り合いをつけ、好ましい人間関係を築いていくかは生涯にわたる課題であり、その人の一生を左右する一大事です。人との関係を上手に結ぶことによって大きな成功を勝ち得た人がいる反面、こじれた関係を解決できずに悲惨な人生を送らなければならなくなった人も多くいます。

マーフィー博士は膨大な著書の中で、折にふれて難しい人間関係を解決した事例を数多く残してくれました。こじれた人間関係の解決にマーフィー理論を活用し、望外の僥倖を得た人々は多くいます。また、自分の望みを実現するための人との出会いの方法を実践して成功を収めた人々もいます。

本書は、このようなマーフィー博士の教えと数々の事例を抽出して今日的問題に焦点を当て、人間関係に悩んでいる読者のみなさん、あるいはよい人間関係を築くために腐心されている方々のために編まれたものです。

本書は、問題が生じたとき、あるいは興味のあるテーマに目が行ったとき、どこからでも読むことできるように編纂されています。また、いつ、どこで読まれても問題解決の糸口が得られるようになっています。

しかし、マーフィー博士の教えを忠実に実行するためには潜在意識にもっとも入りやすい状況のとき、つまり眠りにつく前に読まれることをお勧めします。そうすることによって、あなたの思いは潜在意識に深く刻み込まれ、あなたの願いが実現していくからです。
人間関係の解決、よき人との出会いのために潜在意識を正しく用いる方法を本書からくみとっていただければと思います。

二〇〇〇年四月

マーフィー理論研究会

〔ジョセフ・マーフィー博士について〕

ジョセフ・マーフィー博士は著作者、教育者、講演者として世界的に知られた方で、精神的法則に関しては世界最高の講演者の一人です。博士はカリフォルニア州ロサンゼルス市のチャーチ・オブ・ディバイン・サイエンスの牧師で、毎日曜日には約一五〇〇人の聴衆に話をしておりました。

マーフィー博士は自己開発について毎日ラジオ放送を行い、また、テレビにもしばしば出ました。潜在意識の力に関する博士のクラスに出たことのある人は数十万人にのぼります。マーフィー博士はアメリカの大都市においてのみならず、ときどき、ヨーロッパ、南アフリカ、インド、オーストラリア、日本でも講演をしました。インドのアンブールのバイブル大学の宗教科学の学位を持ち、インドのアンドラ研究大学の評議員でもあり、宗教科学の建設者故アーネスト・ホームズ博士と多年にわたって提携しておりました。

マーフィー博士の著書には『眠りながら成功する』『眠りながら巨富を得る』『あなたも金持になれる』『あなたにも超能力がある』『あなたの人生を豊かにする』『人生は思うように変えられる』『人生に勝利する』『人生に奇跡を起こす』『超感覚力で成功する』などのほか二十数冊あります。

マーフィー博士は、心の働きの諸法則の原理と実践について豊かな情報を、すべてわれわれに提供してくれます。マーフィー博士は、あなたの心の深層にひそむ力を解放することによって、あなたの心がその直面する難問や難題をいかにして解くことができるかを示してくれるでしょう。

（一九八一年没）

もくじ

マーフィー「人間関係につまずかない」55の法則

1 どんな人間でも北風より太陽で接する方がいい

人間関係は相対的なものです。相手の出方によってこちらの出方も違ってきます。向こうが礼を尽くせば、こちらもそれに応える。相手がチャランポランなら、こちらもいい加減になる。大方の人はそういう接し方をします。

では、次のようなケースで人はどう接するでしょうか。

ハワイ・マウイ島のホテルでの話です。

アメリカ本土から毎年決まった時期に一人でやってきて、一カ月ほど滞在する富豪がおりました。この人物が滞在している間、ホテル従業員は気の休まる暇がありません。非常に気むずかしい人物だったからです。

また、この人物はどんなことにも「満足する」という習慣がなく、食べ物やサービスについて、絶えず不平不満を鳴らしていました。さらに行儀が悪く、無作法で、ひどいケチなためホテル中の人間から敬遠されていました。

たった一人、富豪の係である若い給仕だけは、この富豪のことを「この人はきっと何かの病気なんだ」と思うこと

相手がどうあれ、まず自分は好ましい態度で相手に接する

にしました。

それで給仕は富豪のどんな理不尽な仕打ちに対しても、わがままな病人に接する看護婦のように、好意と親切をもって接したのです。

滞在も残り少なになったある日、この気むずかしい富豪は、初めて彼に「おはよう、トニー。今日のお天気はどうだね?」と話しかけ「君はわしがこれまで会ったうちで最上の給仕だ」とねぎらい、五百ドル札のチップを差し出したのです。

トニーは卒倒するくらい驚きました。普段ならガミガミと文句が出るはずなのに、逆に誉められ、チップまでもらったからです。だが、驚くのはそれだけではすみませんでした。富豪はこの若い給仕を、自分が資本を出している大きなホテルの副支配人にするよう取り計らってくれたのです。

「言葉や態度は表現された考えである」とマーフィー博

相手の出方に応じていたら、いつまでたっても人間関係は改善しない

士は言います。偏屈で意地悪な富豪の魂は、ずっと凍っていたのです。だが若い給仕の言葉と態度によって、じょじょに溶かされてゆき、最後に富豪の魂の本質が現れたのです。

相手の出方と合わせていたら、よいときはよい関係になるが、悪いときは徹底して悪い関係に落ち込んでいきます。多くの人はそういう態度で人に接しがちですが、よい人間関係を欲するなら、相手がどうあれ、まず自分が好ましい態度で接する必要があります。

つまり、人々と仲良くやっていく最善の方法は、誰の中にも必ず潜んでいるよい面を尊敬し、それを引き出すように努めること。そのためには、北風よりも太陽のように人に接する方がはるかによい。人の心を動かすには力よりも優しさの方が効き目があるということです。

似たような例として、上司をひどく嫌っていた一人のセ

上司に評価されないときは、まず上司の健康・成功・心の平安を祈り、その後であなたが評価されている光景を想像する

ールスマンが、自分の考え方を改めることで和解し、たいへんな昇進をした例をマーフィー博士は次のように報告しています。

その上司はセールスマンがいくら販売成績を上げても、彼を評価しようとせず、会議ではいつもつらくあたり、彼の提案をしばしば嘲笑していました。そのためにセールスマンは上司をひどく憎んでいました。

その彼に、マーフィー博士はこう言ったのです。

「あなたが人を測る秤で、私たちもまた測られるのですよ。あなたが用いる秤によれば、あなたの上司はたしかに卑劣で意地悪な人ですが、あなたも同じ秤で評価をされるのです」

博士が彼に示した処方箋は、次のようなものでした。

「まず、あなたの上司の健康と成功と心の平和のために祈りなさい。それから、あなたの上司があなたのすばらしい仕事ぶりを祝福してくれる光景を想像しなさい」

彼がそれを根気よく実行し続けていると、まもなく上司は彼を昇進させ、給料も大幅に上げてくれたということです。

上司に対する彼の考え方が変わったことで、上司の彼に対する考え方も変わったのです。

2 自分とうまくやれれば他人ともうまくやれる

人間関係の悩みは他人との付き合いでなく、自分との折り合いの悪さにある

人間関係で悩む人は、みな口を揃えてこう言います。

「私は他人との付き合い方がうまくないのです。どうしたらうまく付き合えるようになりますか」

この普遍的な質問に、マーフィー博士は次のように回答されています。

「人間関係で悩んでいる人は、他人との付き合い方で悩んでいるのではない。自分との折り合いの悪さで悩んでいるのです」

この指摘は示唆に富んでいます。他人との付き合いは、自分がとらえた他人像との付き合いですから、その他人が客観的にどんな人物であるかよりも、自分がどう思っているかの方が重要になります。自分と折り合いの悪い人の他人像は、ともすれば歪んだものになりがちなのです。

マーフィー博士がこんな例を挙げています。

ある会社の幹部は、会社の全ての人に批判的でした。彼はマーフィー博士にこう言ったそうです。「卑劣な上司や

人間関係を改善するには、難しい自我と上手に付き合っていくこと

無能で怠け者の部下たちと、どうしてうまくやっていけますか」

博士はこう答えました。

「多くの人々が人間関係で困難を感じるのは、その原因を自分の中に見ようとしないことにあります。あなたが第一にすべきことは、自分自身の難しい自我とうまくやっていくことにあります。あなたの上司や部下とのトラブルの多くは、主として自分から出ているのだということ、他の人たちはむしろ二次的な原因であると考えるべきです」

この指摘を彼は率直に認めました。

彼は自分の人生における野心や計画が思いどおりに運ばないことで欲求不満に陥り、周囲に対しても自分自身に対しても常に怒りの気持ちを抱いていたのです。つまり、彼が上司や部下の悪意や敵意と呼んでいたものは、実はその大部分が彼自身の敵意や欲求不満を反映したものだったのです。

そのことに気がついた彼は、博士の忠告にしたがい、次の言葉を日常的に唱えるようになりました。

「私は自己非難や自己侮辱をやめ、全ての人々と一体化してこの自然の中で繁栄をめざしてともに進んでいくことにします」

それから数カ月後、彼は博士に手紙を寄こし「以前の煮えたぎった大釜のような自分の心の状態が、今はすっかり落ち着いて、不動心で人と接することができるようになりました」と報告してきました。

自分とよい折り合いをつけるための四つの法則

次の自己訓練は自分とよい折り合いをつけるために、マーフィー博士が勧めている方法です。人間関係で悩みの多い人は試してみる価値があると思います。

人間関係の真の敵は「いつも自分自身の中にある」ということを忘れないでください。

①「自分は他人とうまくやれる人間だ」と常に自分に言

い聞かせる。
②「かくありたい」という理想の自己像をイメージする。
③かくありたい自分になったつもりで行動してみる。
④自分の短所は無視して長所のみを前に出す。
この四つの項目を毎日意識して実践するよう心がけていると、人に対して寛容で自信に満ち、好印象を与える人間像に変わっていくはずです。

少なくとも、三カ月は続けてみること。そうすれば、あなたはきっとそんな自分が好きになっているはずです。そして、他人との関係もスムーズに運べるようになった自分を発見することでしょう。

3 潜在意識を用いた、人とうまくやるための五つの法則

引きこもり――という言葉が流行るほど、他人とうまく付き合えない若者が最近増えています。新潟で起きた少女監禁事件で、捕まった犯人の男は「彼女とよい友達になりたかった」と言っています。この気持ちはたぶん本当だと思われます。

ただ、友達になりたい人間を、あのような形で監禁してしまうことは言語道断のことであり極端な例としても、現在それくらい人との付き合いがうまくできない人が増えているようです。やたら過保護で、自分勝手を許す周囲の環境が悪く、他人がどう思うか、それが全然わかっていないのです。

二宮尊徳翁に、次の逸話があります。

まだ金次郎を名乗っていた若い頃、隣家に鍬を借りに行くと、その人はケチな人で「減るからいやだ」と貸してくれませんでした。そのとき、金次郎はすかさずこう言ったのです。

「じゃあ、あなたの畑を耕して種をまいてあげますから、そのあと貸してください」

そうしたら、喜んで貸してもらえたそうです。

人に何かをしてもらおうと思うなら、まずこちらから相手に何らかの利益を与えることが必要なのです。むりやり相手を拉致してきて家に閉じ込め「友達になりたかった」ような行為は人間社会ではまったく通用しません。

だが、この種の行動をする人は、日頃の人間関係がうまくいかないため「普通の方法ではだめだ」と考えてしまうのでしょう。そうしたつらい立場におかれている人は、次のことを実行してみるとよいと思います。


相手に何かをしてもらおうと思うなら、まず相手に利益を与えること

①ものごとを肯定的に考える

どんなことでもよい方向と悪い方向の二つの考え方ができるもの。その場合によい方向からとらえること。たとえ悪い出来事であっても、それは自分にとって「結果的にはよいことなのだ」ととらえる。

②肯定思考を繰り返し持続する

せっかく肯定的にとらえても、その場限りでは効果が薄れる。肯定思考を繰り返し行う。何度も何度も自分に「これはよいことなのだ」と言い聞かせる。

③他人の繁栄を優先する

普通人は自分がよくなった後で他人に施すという順序をとるが、まず他人の繁栄に力を貸すことを優先させる。また他人の繁栄を祝福する。この心構えを持ち続けていると、人間関係は良好になっていく。

④よい方向へ「進みつつある」と思う

肯定的にとらえたくても、現在だめだと、よく思うことは難しい。そういうときは「……つつある」という考え方をする。「あの人とはよい人間関係が生まれつつある」という具合に。

⑤全ての人、出来事に感謝する

自分に向けられた非難であっても、天の声と思えば感謝できる。どんなにつらい仕事でも、自分を鍛える機会ととらえれば乗り越える勇気が湧く。

潜在意識をいつも正しく働かせておくためには、意識する心でつねに最善を期待し、自らも正しいと確信が持てる思考と行動を心がけることが大切です。そうすれば、人生は必ずよい方向へと向かいます。

「よいことを思えばよいことが起きる。悪いことを思えば悪いことが起きる」という黄金律は人間関係にも言えることなのです。

よいことを思えばよいことが起き、悪いことを思えば悪いことが起こる

4 嫉妬や憎しみの感情を他のエネルギーに転換せよ

人間には人を羨む気持ちがあります。また、時と場合によっては、憎しみの気持ちを抱くことも避けられません。だが潜在意識の理論では、そのような感情は自己にとって大きなマイナスだと教えます。

実際に人間関係のトラブルを見ていると、好き合ったり、仲良くしたりする裏返しとして、嫉妬と羨望あるいは恨む気持ちが必ず出てきます。このような場合に、人生を台無しにしてしまうことが少なくありません。

女子大生に惚れた青年がフラれた腹いせに、ストーカーまがいの行動を繰り返した挙げ句に、人に依頼して女子大生を殺した痛ましい事件がありました。その青年は全国指名手配され、ついに北の果ての湖水で自殺してしまった。憎しみの気持ちが身を滅ぼした典型的な事例と言えます。

嫉妬・羨望、憎しみの心は、抱く人間へ必ず返ってきます。だから出来るだけ持たない方がよく、また持ってしま

嫉妬・羨望・憎しみの心は、それを抱く人間に必ず返ってくる

ったら、すぐそれを解消する必要があります。

ではどうやって解消したらよいのか。マーフィー博士がアドバイスした次の事例が参考になります。

上流階級の立派な中年婦人がマーフィー博士を訪ねてきてこう訴えました。「お恥ずかしい限りですが夫には若い愛人がいます。私は再三別れるように頼みましたが、夫は聞き入れません。愛人を殺して自分も死ぬつもりです」

マーフィー博士は婦人にこう申しました。

「あなたが真っ先にすべきことは、夫の愛人を憎むことをやめることです」

婦人は言いました。

「殺したいほど憎んでいる私に、どうしてそんなことができるでしょうか」

「憎しみはあなたを幸せにはしません。そして必ずあなたに戻ってきます」

「それでもかまいません」

相手を許せば、自分に好ましい状況が生まれる

「では、あなたはご主人を取り戻したくないのですか」

「できればそうしたいのですが、もう無理だと思います。それならいっそのこと……」

「早まってはいけません。あなたのご主人を取り戻す最善の方法は、あなたが今すぐ相手の女性を許すことなのですよ」

婦人はこんがらがった頭で「とにかく一度だけは博士の忠告に従ってみよう」と思いました。そして博士に教えられたとおり、その日を境に家で愛人問題にはいっさいふれないことにしたのです。

それから二週間ほど経過した時点で意外なことが起きました。彼女の夫が「別れることにした」と言ってきたのです。さらにもっと意外なことが起きました。彼女の夫の浮気相手だった女性が急死してしまったのです。

この実話は潜在意識の働きを考えるうえで、非常に興味深いものがあります。

なぜなら夫人のしたことは、博士の言ったとおりに一回だけ二人を祝福し、あとはそのことを考えないようにしただけなのです。

普通に考えたら、こんなことで夫の浮気が止むものかと思われるでしょう。だが、感情のエネルギーで考えていくと、これは起きて当然の結果なのです。つまり、夫人が愛人を憎めば憎むほど、夫の愛人への愛は高まります。夫への愛人の愛情も同じです。

夫人がしたことは、憎しみのエネルギーを他に向けることでした。反対されると恋愛がますます燃え上がるのと、ちょうど反対のことが起きたのです。

このエネルギーの振り向け方は、人間関係にも使えます。つまり憎しみや嫉妬、羨望のエネルギーを、決して直接の対象に向けるのではなく、他のエネルギーに転換してしまうことです。そうすれば、決してあなた自身に悪い結果は及んできません。

嫉妬・憎しみのエネルギーを相手に向けず、他に転ずること

5

思いを込めた想像上の会話は相手に伝わる

携帯電話の普及とは裏腹に、人間関係をうまく結べない人が増えていると言います。コミュニケーション手段が発達したのになぜでしょうか。

それは思いを込めた真の会話が少なくなっていることが原因かも知れません。いくら言葉を交わしても、心が少しも通い合わないのです。

それとはまったく正反対のこういう事例があります。

ずいぶん前にケンカをした二人がいました。二人は長いこと没交渉できましたが、あるとき一人が「もう仲直りしたい」と思い、相手と想像上の会話を交わすようになったのです。

一週間ほど想像上の会話をして、すっかり仲直りしたその人は、現実の仲直りがしたくなり、思い切って相手に電話をかけようと受話器を取り上げようとしたちょうどそのとき、電話のベルが鳴りました。その電話の主は、今かけようとしていた相手だったのです。

人間関係がこじれたときは弁解するのではなく、相手との調和を願って想像上の会話を試みる

マーフィー博士はこう言っています。

「行き違いや誤解で人間関係がこじれたとき、慌てふためいて弁解するのではなく、相手との平和と調和を願いつつ、想像上の会話を試みてみなさい。その気持ちは必ず相手に伝わります」

潜在意識の世界では、三次元を超えた人間の意識の会話や心の交流も可能なのです。顕在意識である考えを強く願って反復すると、それは潜在意識に刻印されて、私たちの意識を超えたところで交信し、仲直りをしたいという気持ちは相手に伝わるのです。

携帯電話や電子メールでは、双方がどんな場所にいても、即座に意思疎通ができますが、それとまったく同じように潜在意識でも心の会話をすることができるのです。この想像上の会話は心の深層で行なわれるので、まやかしや建て前はまったく通用しません。

あくまで本音が伝わる会話ですから、嘘偽りではなく、

潜在意識からのすばらしい応答を受けるには、磨きのかかった創造力を駆使すること

心底からの思いを吐露しなければなりません。真摯な気持ちがなければ、相手にはよい形では伝わらないのです。

私たちの日常会話では誤解や曲解、十分な意思の伝達ができないことがしばしばあります。携帯電話で始終話していても、よいコミュニケーションができるとは限りません。

最近の若者を見ていると、携帯電話の普及と反比例して、人との付き合いが希薄化しているように見受けられるのはそのためでしょう。

相手とほんとうに心の通った付き合いをしたいなら、今すぐ携帯電話の電源を切り、想像上の会話を試みてみることです。想像上の会話をする習慣を身につけると、人との関係に深みが出てくるようになります。それは顕在意識だけの判断ではなくなるからです。

「潜在意識から応答を受けるすばらしい方法は、磨きの

かかった想像力を駆使することです。

聖書は『信じて祈り求めるものは与えられる』と述べています。信じるとは何かは、それをほんとうとして受け取ること、また、それになり切った状態で生活することです。この気持ちを維持して想像力を働かせれば、それはつねに現実のものとなって、あなたの前に立ち現れてくることになります。

6 誠意を尽くしても人にわかってもらえないのはなぜか

「こんなに一生懸命に相手のためを思って尽くしたのに、どうして少しもわかってくれないのだろうか」。こういう嘆きを口にする人がよくいます。

誠心誠意尽くしたのに恋人に振られた人、いくら自腹で食事をおごってもなついてくれない部下を持つ上司、欲しいものは何でも与えたのに言うことを聞かない子を持つ親。みんな誠意を込めて尽くしたのに、その実りを得られない人たちです。

これは相手がわからず屋なのか。一概にはそう言えません。そんな形で誠意を尽くさなくても、恋人に愛され、部下に尊敬され、子供に信頼される親はちゃんといるからです。

「こんなにしてあげたのに」というようなセリフが出る人はむしろ疎まれます。

誠意というのは便利な言葉で「誠意を尽くした」と言えば、どんなことでも相手はむげにあしらえなくなってしま

「誠意を尽くした」とは自分側の言葉。相手は迷惑と思っているかも知れない

います。しかし誠意というのは、相手がそれを同じ気持ちでどこまで受け止めるかが問題なのです。

誠意と迷惑は親戚筋にあり、その性質もよく似ています。たとえば「他人に迷惑をかけなければ何をしてもよい」と言う人がいますが、この言い方はかなり一方的なものと言わなければなりません。

何となれば、迷惑を感じるのはかけられた方で、かけた方ではないからです。

善意で人を食事に誘っても、お腹がいっぱいだったら、相手は迷惑に感じます。「人に迷惑をかけるな」と言う人は、こういう種類の迷惑には無頓着なことが多いものです。だから「自分は他人に迷惑などかけていない」と思っている。その自分勝手がどれだけ相手に迷惑がられているかはまったく気がつきません。

誠意もこれとよく似ています。誠意というものは、相手が感じとるもので、こちらが押しつけるものではありませ

ん。誠意を尽くしても人がついてこないとしたら、相手にこちらの真意が伝わっていないことになります。

自分の誠意を相手に確実に伝えるには「これだけしてあげたのに……」などと決して言ってはならないのです。言いたいのは山々ですが、それを言わないでいることが、誠意に価値を与えます。ほんとうに心を込めたものなら、無意識領域で必ず相手に伝わります。

なぜ口に出して言うと台無しになるのか。相手はそれによって反対給付を求められた思いがするからです。それが重荷になり「何だ。自分にこうしてもらいたいからしたんだ」と解釈されてしまうのです。

そう思われてしまったら、誠意でしたことも誠意と受け取ってもらえません。しかし、人はしばしばこの種の誤りをおかすものです。

誠意は口に出して言うものではない

ある母親は娘が拒食症になったことがどうしても理解で

愛が伴わない誠意は、ほんとうの誠意ではない

きませんでした。

自分は娘のために誠心誠意尽くしてきたことに自信があったからです。しかし娘はどんどんやせ細って命の危険まで出てきたので母親は思いきって娘を病院へ入れ、自分もカウンセリングを受けました。そして、最終的にわかったことは、次のようなことでした。

外見的には非の打ち所のない母親を演じながら、娘へ振り向けた誠意には愛がこもっていなかったということです。彼女は無意識で行ったことでしたが、出来のよい娘よりも、出来の悪い末の男の子の方に愛情を注いでいたのです。長女の娘は敏感にそのことを察知していたことが拒食症につながっていたということです。

7 友達ができない人に共通するもの

「友達ができない」と否定的な考えを持っていると、いつまでたっても、友達は得られない

人生を充実して生きるためには、「願望と想像力の不和は解消しなければならない」とマーフィー博士は言います。この言葉の根拠は、聖書の次の成句にあります。
「地上にいるあなた方のうちの二人が、自分たちの乞い願う重要な事柄において同意するなら、そのことは必ず成就します」（マタイ一八章一九節）
あなた方のうちの二人……とは、願望と想像力のことですが、この二つは顕在意識の世界ではつねに葛藤を繰り返しているものです。あることの実現を望んでも、すぐにその達成を困難視する自分の想像が出てきて、その否定的な想像が、物事を成就させない最大の要因をなしているのです。
友達が欲しいのにできない人も同じ事情にあります。よい人柄で誠意もある人間なのになぜか友達のできない人がいます。そういう人は、自分の願望に対して否定的な気持ちになっていることが多いのです。

友達が得られた状況を眠りにつく前に想像する

その否定的な想像の源は、願望へ向かう自分が絶えず失敗し、不名誉や恥ずかしさを経験せざるを得ないのではないかとの恐れからきています。

これを解消するためにどうしたらいいか。潜在意識に自分の好ましい考えを吹き込めばよいのです。

「潜在意識に考えを吹き込む一番よいときは、眠りにつく前です。なぜかというと、眠りに入る前と目が覚めた直後には、潜在意識が最も多く露出するからです。この状態のときは、願望は中和し、潜在意識が受け取ることを妨げる否定的な考えや創造がもはや現れてきません。願望が現実にかなえられている情景を想像し、それに伴うぞくぞくした気分を味わうならば、潜在意識はあなたの願望を実現させてくれます」とマーフィー博士は言っています。

夜、寝しなに自分が友達と一緒に歓談している姿を思い浮かべるのは、この博士のアドバイスに沿ったものと言えます。

友達に何をしてあげられるかを考えることが、友情を得られる道

その場合に注意することは、自分自身が他人から見てよい友達であるかを点検してみることです。つまり「友達が自分にどうしてくれるか」ではなく、「自分が友達に何をしてあげられるか」を考えるのです。

「友達ができない」「心を許せる人間がいない」と嘆く人にしばしば共通するのは、他人が自分にしてくれることにばかり目がいくことです。他人が自分に何をしてくれなくてもいい。自分が他人に何をしてあげられ、それで相手が喜ぶなら自分は満足である、という気持ちになれば、誰もがあなたと友達になりたがり、周りにはたくさんの人が集まってきます。

8

他人の喜びを見ることを自分の喜びとせよ

理想の人間関係とはどんなものか。一般的には「授乳しているときの母子の間柄」だと言われています。

無心におっぱいを飲む赤ちゃんが、幸せであることは当然ですが、おっぱいをあげている母親は夜中に起こされ眠いかも知れません。でも、母親は赤ちゃんの顔を見るだけで無上の喜びを感じるものです。

この人間関係で生じているのは、通常の人間関係ではありません。通常の人間関係はギブ・アンド・テイクです。「相手がしてくれれば、こちらもお返しをする」という一宿一飯に恩義を感じるのが普通の人間関係です。

ところが母親と赤ちゃんの場合は、赤ちゃんはいつも要求ばかり。母親の方は与えっぱなしの関係です。母親はギブ・アンド・ギブであり、赤ちゃんはテイク・アンド・テイクということになります。

普通の人間関係では、どちらか一方がテイク・アンド・テイクだったら、ほとんどの場合は壊れてしまいます。で

「ギブ・アンド・ギブ」がよい人間関係の原点

も母子の関係は崩れない。

それはギブ・アンド・ギブこそがほんとうに喜びを感じることのできる人間関係の原点だからです。親と子のよい関係の延長線上にいっさいの人間関係があるといってもよいでしょう。

そこにあるのは何かというと「他人の喜びを見ることが自分の喜びである」という気持ちであり、母親が赤ん坊にしていることはまさにそれです。だからどんなに眠かろうが疲れていようが、そんなことはお構いなしに、赤ん坊が泣けば夜中でも跳ね起きておむつを取り替え、授乳をすることができるのです。

「この世の最も純粋な喜びは、他人の喜びを見ることだ」と言ったのは作家の三島由紀夫です。だとすれば、この精神で人と接すれば、どんな人とでもうまくやっていけるはずです。ところが現実は、逆の心構えでいる人がどんどん増えてきているようです。

「権利の確保」「平等の徹底」を前面に押し出すと、人間関係はギクシャクする

たとえば親子関係においても、子供を欲しがっていたお母さんが、実際に子供を産むと育児ノイローゼにかかってしまうのはなぜでしょうか。子供の喜ぶ姿を見るのではなく、自分が子供から喜びを与えてもらおうとするからです。

恋人関係でも、すぐに破綻させてしまう人は、相手の喜ぶ姿を見るよりも、自分が喜びたいという思いが強いのです。

戦後の教育の特徴は「権利の確保」と「平等の徹底」にありましたが、これが正しく伝わらずに「自分さえよければいい」という人間を多く造り出してしまいました。これは改める必要があります。

ある父親は娘さんが訪ねてくると、食事を作ってやり後片づけもさせない。至れり尽くせりのサービスをしている。それを見て友人が言いました。

「おいおい、ちょっと甘やかしじゃないか。せめて後片

「人に尽くす」とは、全てを与えること

づけぐらいさせたらどうか」

すると父親はこう答えたというのです。

「自分は娘の喜ぶ顔が見たくてしているんだが、もう一つ理由がある。それは人に尽くすとはどういうことかを伝えたいんだ。自分がほんとうに好きな人に、何かをしてやるというのは、丸々すべてしてやることだ。自分はここまでやったのだから、あと半分はあなたがやってよ……じゃ、ほんとうのサービスじゃない」

最近は共稼ぎ夫婦が増えて、家事の分担ということが言われていますが、現実には女性の方が負担が大きく、それに対する批判が女性の間から起きています。これは権利や平等の考えからきていますが、ほんとうに相手のことを愛し、喜ぶ顔が見たければ、そんなことでモメるはずはありません。

妻がすべてやってもいいし、夫がすべてやってもいい。

相手の喜びを己の喜びとする

そして分担がどうのなどと言わなくても、自然にお互いが助け合うようになるはずです。

人間関係をうまくやろうと思ったら「相手の喜ぶ顔を見たい」という気持ちで心を込めて何かをしてあげること。そうすれば、必ず相手もそれに応えてくれることでしょう。

9 他人のせいで自分に不都合が起きることはない

ある女性は同僚の女性を「殺したい」と思うほど憎んでいました。なぜならその同僚女性は、まったく根拠のない彼女に関するウワサをまき散らし、彼女を窮地に陥れようとしていたからでした。

偏頭痛、消化不良、不眠症などに悩まされ、困り果てた彼女はマーフィー博士に相談しました。一とおり話を聞き終わった博士は、彼女にこう言ったのです。

「あなたが困っていることはよくわかります。しかし、どうやら事の真相はあなたの思っていることとはだいぶ違うようです。よく聞いてください。いかなる他人もあなたを傷つけたり、困らせたりはできないのです」

彼女は怪訝そうな顔で聞きました。

「でも、あの人はたしかに私について証拠もないのに悪いウワサを流し、私をおとしめようとしたのです」

「そうかも知れません。でも彼女の言動があなたにマイナスの影響を与えるのは、あなた自身がその言動を受け入

悪口を言われても、それを受け入れなければ、悪口の影響は出てこない

れたときだけなのです。あなたが毅然とした態度で、彼女の言動を拒否していれば、その言動は彼女を傷つけることはあってもあなたを傷つけることは決してないのです」

それから博士は、彼女の同僚が振りまいたというウワサの一つひとつを具体的に検証していきました。その結果、彼女は自分が考えていたことが、すべて心の中の想像であったと気がついたのです。

たしかに人があなたの悪口を言うことはあるかも知れません。しかし、その悪口に力を与えるのはあなたがそれを認めてしまったときなのです。あなたがそれを認めなければ、その言葉は誰にも何の影響も与えはしないのです。

「彼女は同僚の女性が実際には持っていないような力を、自分自身が認めることで彼女に与えてしまい、それによって悩まされていたのです」。こういうことはよくあります。

ある男性は妻にも子供にも背かれ、一人ぽっちになったうえ、ガンで入院する羽目になりました。見舞いに訪れた友人に彼は言いました。

「妻と子供のおかげで自分は全てを失った。あいつらを憎んでやる」

だが、妻や子供を離れさせたのは、むしろ彼自身であることを友人は知っていました。

彼の妻は自立して会社を経営していて非常にうまくいっていました。彼もまた会社を経営していたのですが、こちらは倒産しかかっていた。彼は妻の会社から何度か資金援助を仰いだこともあったのですが、それでも倒産を免れそうもありませんでした。

プライドを傷つけられた彼は、自分の会社がおかしくなったのは、妻が家事をないがしろにしたからだと言い出し、妻に「いますぐ主婦に戻ること」を強要したのです。

そうすれば、妻の会社の資産を自分の会社に振り向けられ

他人のせいで不都合が生じると思うと、ほんとうにそうなる

るという計算もありました。

だが妻は敢然と拒否し、子供を連れて家を出て行ってしまったのです。その結果、彼の会社は倒産。

まもなく彼はガンになったのですが、誰が見ても彼の言い分には無理がありました。だが、彼は決してそれを認めようとせず、結局はガンで亡くなりました。

事情を知らない人は奥さんと子供の非情さをなじりましたが、これほど見当はずれな批判はないといってよいでしょう。彼は自分の窮地はいつも人のせいと思う性《たち》で生涯それを修正することができなかったのです。

誰かのせいで自分に何かが起きることはありません。だが、自分が思い込めば、誰もその人に向かって何もしなくても、自分に障害は生じてきます。それは自分が生じさせる障害なのです。そのことに気がつくかどうかで人間関係も人生もまったく違ってくるといってよいでしょう。

10 自分の感情を統制することは絶対に必要

自分の感情を制御できないと、人間関係は壊れてゆく

人間関係をうまく運ぶためにマーフィー博士が一番大切だと指摘しているのは「感情の面で大人になること」です。自分の感情をうまく使いこなし、統制することができなかったら、たとえいくつになっても人間関係では幼児も同然だと言います。だが感情は「魔物」といわれるほど難敵。どうやって統制すればいいのでしょうか。

マーフィー博士が講演である地方へ赴いたとき、ある婦人が近づいてきて、こんな体験を披露したということです。

「隣に住んでいる人の行動に対して、私は周期的に気に触り、イライラして怒鳴りつけたくなるのです。でもそれをしたら隣人との関係は確実に悪化します。そこで私は隣人に対してイライラが募ってくると、庭に出て穴を掘ることを習慣にしました。その穴に私の苛ついた感情を埋めるつもりで……」

「それは非常に賢明な方法です」と博士は言いました。

感情のうっぷん晴らしもときには必要

「感情はよくも悪くも非常に強いエネルギーですから、それがよくない形で現れてきたとき、あわてて押し込めると、あとでとんでもない形で爆発することがあります。だから、押し込めないで筋肉エネルギーに変えてしまうのが一番です」

会社で重要な地位にあり、いつも強いストレス下で仕事をしながら、穏やかで部下を上手に掌握している男性は、自分の感情抑制法について、次のような告白をしています。

「穏やかに見えるかも知れませんが、自分では怒りっぽい方だと思っています。でも、自分の怒りやイライラを会社で部下や得意先に出すわけにはいきません。また、妻や子供にも出せません。そこで私はときどきお巡りさんや銀行員、無礼な百貨店の店員などを相手にうっぷん晴らしをします」

誰にでも勧められる方法とは言えませんが、家庭や仕事

感情をため込むのでなく、上手に発散する方法を習得する

に影響を及ぼさないという点では賢い「ガス抜き」の仕方だと思います。彼が語った最近のうっぷん晴らしの例を一つ挙げてみましょう。

休日、コンビニへ行こうと街の歩道を歩いていたら、後ろから自転車のチリンチリンという音が聞こえたので左に寄るとドスンと自転車がぶつかってきました。どうやら、向こうも左に寄ってきたようなのです。

問題はこの先。普通だったらぶつかった方が「ごめんなさい」と謝るもの。ところがその自転車の主である二〇代後半の派手な化粧をした女性は「危ないわねー」と、彼を非難したのです。そこで彼は、すかさずこう言い返したのです。

「こっちは後ろに目はついてない。ぶつかったそっちが謝るべきだろう。無礼者め！」

彼は別にそれほど腹を立てていたわけでもないのです

が、こういう形でガス抜きをしているのです。

彼のガス抜きにはルールがあって、不正や不誠実、理不尽なことに向けられるのが常。決して無理難題を吹っかけることはありません。

感情を統制できなくて悩んでいる人は、このような方法をとってみるのもよいのではないでしょうか。

11

好かれる人間に自分自身を改造するには

「人間はつねに二つの宴会に出席している」とマーフィー博士は言います。それはどんな宴会かというと、内的な宴会と外的な宴会です。

宴会に招待されたとき、そこであなたが見たり聞いたり、味わったり嗅いだり、触れたりするものは、すべて外的な世界に属しています。だが、そこであなたが感じ、考え、好きになったり嫌いになったりすることは内的な世界です。

この二つは異なって記憶されますが、あなたが元気になったり、意気消沈したり、笑ったり、泣いたり、憤ったりする世界は、言うまでもなく思考と感情の支配する内的な世界の方に属しています。

そして自分を「変える」とか「精神的に成長したい」というときは、この内的な世界の方に目を向けなければなりません。しかし、多くの人は外的な世界に目を向けがちです。「好かれる」ためには、外的世界で好かれるように振

上辺（社会的）の世界で好かれようとしても結局、破綻する

る舞おうとします。

だが、その試みはほとんどの場合、挫折します。なぜなら、それはあくまでも見せかけであり、内的世界は少しも変わっていないからです。つまり、自分がそうでないのに、そうであるように見せかける試みはつねに失敗するということです。

この世には明らかに好かれるタイプの人間と嫌われるタイプの人間がいますが、その差はどこからくるかというと、外からは伺い知れない内的な世界、すなわちあなた自身の心の持ち方によります。

好かれる人間と嫌われる人間の場合、明らかに好かれる人間の方が生きやすいですから、人は好かれる人間になりたいと誰もが思います。だがその努力をするとき、内的な世界は外（他人）から見えないので、こちらを変えるのを怠って、外的世界でのみ好かれるように努力をしようとします。

嘘、偽りに対して他人は敏感なもの

人を好意的に見る習慣をつける

お世辞やお追従を言ったり、政治家のような心にもない言動を駆使して、人から好かれたり支持、評価されるように努力をしますが、それで相手にも悟られないと思っても、結局は悟られてしまいます。なぜなら、受け取る方はその人の内的な心で受け取るからで相手の潜在意識の領域に対しては、いっさいの隠しごとは通用しないのです。

ですから、人に好かれようと思うなら、毎日の生活で人と会ったときに、あなた自身がその人を好意的に見るようにしなければなりません。そのとき、否定的な考えや感情が襲ってきたら、そのつど追い払う必要があります。

こういうことを習慣づけると、あなたは道徳的にも、知的にも、肉体的にも、より好ましいタイプの人間になっていきます。外的な宴会での振る舞いが内的な宴会での自分の正確な反映であるとき、人はあなたを信頼し心から好いてくれるのです。

12

「ほんとうに望んでいることは解決なのだ」と悟ること

たとえば、あなたの身の上にこういうことが起きたら、あなたはどんな態度をとるでしょうか。

あなたは奥さんと平和に暮らしていて、何もかも順調にいっていましたが、ある日突然奥さんがあなたを見捨てて別の男と駆け落ちしてしまいました。しかもご丁寧に二人で貯めた貯金を持ち出して……。

こういう境遇になった男がいました。彼は店を持っていたのですが、落胆のあまり酒浸りとなり莫大な借金を作り、挙げ句の果てに火事を出して店を焼いてしまいました。保険金が下りましたが、それは全て借金へ回り、彼は今度こそ本当の無一物になってしまったのです。

彼はあるホテルに滞在し、そこで死ぬ決心をしていました。ホテルの従業員たちは敏感にそれを察知し、彼にホテルから立ち去るように要請しました。すると彼は、立ち退く条件としてマーフィー博士に会うことを望んだのです。

こうしてホテルへ呼び出された博士は、その自殺願望の

問題解決のために死を選んだとて、それは解決ではなく放棄

男と対面することになりました。

そして以上のようないきさつを聞かされたのです。聞き終わるとマーフィー博士は彼に向かってこう言いました。

「あなたが望むことは何ですか」

「死ぬことです」

「嘘でしょう。そんなはずはありません」

男は一瞬怪訝な顔をしましたが、こう言い直しました。

「たしかにそうかも知れません。私はすべてを終わらせたいのです。死ぬことはその手段にすぎません」

「終わらせるとは何を終わらせるのですか」

「私の人生です」

「今まで生きてきた、あなたが急に人生を終わらせたくなった理由は何ですか」

「私には何の希望もないからです。希望を持つには問題が大きすぎます」

「わかりました。ではあなたは希望どおりされるとよい

生きていく工夫をすれば、道は自ら開かれてゆく

でしょう。でもあなたがここの窓から飛び降りたとしても、問題は一つも解決しません。その行為はロスからニューヨークへ移動するのと同じで、問題はあなたが一緒に持っていくことになります。問題の所在は唯一あなたの心の中だけだからです」

この言葉を聞いて男は動揺し始めました。彼は死ねばきれいさっぱり抱えた問題からおさらばできると思っていたのに、問題は彼にピッタリひっついて死んでも離れようとしないことがわかったからです。彼は死ぬのを延期し、とりあえず問題を解決しようとしました。

彼の抱える問題とは、これからどうやって生きていくかです。彼は博士と話し合った結果、とりあえずホテル近くの工場で働くことにしました。しばらくして彼は逃げていった妻と正式に離婚をして独り身になりました。

すると彼の前に一人の婦人が現れて、二人は意気投合し結婚することになったのです。

人は問題の解決のために生き、それに取り組まなければならない

彼はまったく知らなかったのですが、その夫人は彼が以前に持っていて、妻に根こそぎ持って行かれてしまった銀行預金とは桁違いの財産を持つ女性でした。彼女は彼と結婚する記念にと、彼が営んでいたのと同じ業態の店を一軒プレゼントしてくれました。彼は失ったものを何倍ものお釣りのくる形で取り戻したのです。

近年、自殺者が増えています。自殺する人は、問題を抱えそれから逃げ出すために自殺を考えますが、ほとんどの人が願っているのは自殺ではなく問題の解決です。問題の解決のためには、生きて、それに取り組まなくてはなりません。

「多くの自殺願望者の願いというのは、今の自分にとってじゃまなもの、すなわち障害物を壊してなくしてしまいたいという願いだけなのです。それは死んではできないことであり、生きていれば必ずできることです」

13

落ち度のない破綻は、新たな幸運を呼ぶ

理不尽なことが起きてもそれを肯定的に受け止める

ある女性の身に起きたことです。彼女は結婚して四〇年を経ており、四人の子供の母親として献身的な努力をし、夫の事業も助けてきました。ところがある日突然、夫から別れ話を持ち出されたのです。

夫は彼女の知り合いの女性と長い間男女の関係にあり、その女性と残りの人生を生きていくというのです。彼女は自分の体をバラバラにされたような衝撃を受け、しばらくは茫然自失の態でしたが、やがて思い直して夫の申し入れを受けることにしました。

子供たちはもう立派に独り立ちして生きていける状況だったのが最大の救いだったといえるかも知れません。彼女は二人で築いてきた会社の株のうち、彼女の取り分を売り払ってお金を作ると、心の傷をいやす目的で船による世界一周の旅に出ました。

彼女はもう六〇を過ぎていましたが、マーフィー博士の本を過去に何冊か読んだことがあり、これからの人生につ

いて次のように考え、それをたびたび口にすることで将来を確信にまで高めて旅に出たのです。

「神は、これからうまくやっていけるような素敵な人を私の前に現わし、その人が私を好きになるようにしてくださる」

彼女は旅の途中で理想的な男性と出会い、パリで結婚式をあげました。この結婚は彼女の子供たちからも、彼女をよく知る周囲の人間からも祝福され、彼女は以前よりもずっと幸せに暮らしています。

理不尽な出来事は幸運を呼び込む前兆である

人間関係というものは、彼女のように何の落ち度もないのに、突然破綻することがよくあります。その場合、初めは自分を襲った運命を嘆き悲しむかも知れませんが、こちらに落ち度のない場合は、それがむしろ新たな幸運の始まりである場合が少なくありません。

ただし、これには一つ条件があります。それは自分の身の上に起きたことに対して、決して否定的な見解を持たないことです。

　心の法則といわれるものは「一般的な法則」で、個人個人の事情は斟酌しません。つまり、彼女がどんな悲惨な状態に陥ろうと「悲惨だから救ってあげよう」という形では働きません。

　もし彼女が夫の仕打ちを深く恨んで否定的な感情で頭をいっぱいにさせたなら、彼女は病気になったかも知れないし、新しい伴侶を見つけることはかなわなかったでしょう。彼女がすぐ立ち直って自分の将来に明るい展望を描いたからこそ、そのような現実が訪れたのです。つまり、彼女は自分の望むものを自ら引きつけたのです。

14 自分に合った異性を引きつけるテクニック

自分の定まった考え方が同じタイプの人間を引きつける

「私は四度結婚に失敗しました。五回目の結婚相手は、きっと前の四人よりも程度が悪いような気がします。二、三カ月で別れることになるんじゃないかしら」

まだ二八歳だというのに、その女性はマーフィー博士にこう言いました。

むろん、五回目の結婚相手はまだ出現しているわけではありません。だが、彼女は早くもそう決めてしまっていたのです。そんな彼女に博士はこう言いました。

「あなたは以前の夫たちに心の中で腹を立てています。その考え方を変えない限り、あなたが選ぶ人は同じようなタイプの男たちだけです。あなたには無意識の類友の法則が働いていて、そういう男たちを引きつけるからです」

類友の法則とは一般的に「似た個性、考え方、境遇の者がより集まる」ことですが、もう一つ「自分の定まった考え方が同じようなタイプの人間を引きつける」という場合もあります。彼女の場合は、後者のケースに当てはまります。

博士が彼女に与えた処方箋は、次のようなものでした。

「私は心の中から怒りや恨みの気持ちをなくして、愛と平和で満たします。私は前の夫たちを心から許し、私の中から解放いたします。どこへでも好きなところへ行きなさい。私はあなたたちの健康、富、幸福、繁栄を心から望みます。では永遠にさようなら」

「私には一人の男性がどこかで、私を心から愛し、私とともに人生を歩もうと待っています。私は彼の理想を愛し、彼は私の理想を愛します。私と彼の間にはお互いに愛と信頼と自由があります。私は彼と結婚できるし、彼もそのことを心から望んでいます」

この二つの祈りの文句には博士が常日頃から唱えておられる、特定の人間に対するこだわりを捨て去る重要な要素がすべて含まれています。

すなわち、いかなる相手であれ、過去の人間関係においい

過去の相手を許し、祝福して訣別する。そして理想の人物の特性を思い描く

心に描いたイメージは現実化する

ては、恨みを感じたり腹を立ててはいけないこと、むしろ相手を許し、解放し、一度は祝福してあげること。同時にきっぱりと別れを告げること。それから自分に適した人間を想定すること――です。

彼女はこれを忠実に実行しました。

それから二、三週間経った頃、彼女は歯の治療が必要になって、歯科診療所に通うことになりました。そして彼女を治療してくれた歯科医と親しくなり、それからたいして月日をおかずに彼女は歯科医からプロポーズを受けることになったのです。

「今度、私の夫になる人は、前の四人の夫とは気質も性格もまったく違うタイプです。私は一目見たとき彼が好きになったのです」

博士は彼女の五度目の結婚式を取り仕切る栄誉を得たことは申すまでもありません。

異性の獲得ついて博士が勧めているテクニックは、自分の頭の中に出来るだけ鮮明で具体的な人物像を描け、ということです。心に描いた想像の絵はしばしば現実化する。異性を獲得することにおいても例外ではありません。

ただこの場合に注意すべきは、想像するのは特定の人物ではなく、理想とする人物の属性であるということです。特定の人物であった場合は、実際に結婚する可能性が狭まってしまいます。といって漠然としていると、失敗の確率は高まります。

彼女のように何度も結婚を繰り返すタイプは、本当に求めているタイプを自覚していないことが多く、そのために最初は失敗し、次からはその失敗したタイプと心理的に別れを告げていないために、無自覚にまた同じタイプを選んでしまうのです。

漠然とでなく、また特定の人を直接望むのではなく、理想の人物の特性を思い描くことが理想の異性獲得の最良の方法と言えます。

15 失恋という最悪の結果を最善に変える方法

ある青年が、三年間、恋人として付き合ってきた女性にプロポーズしたら「いやよ」と見事に断られてしまいました。青年は悲嘆にくれ「彼女と結婚できないなら、この世に未練はない。このまま死にます」とマーフィー博士に訴えました。

博士は彼によい妻を得るための祈りを教えました。その文句を抜粋して、次に紹介してみましょう。

「私はいつも神と共にあります。私は自分にピッタリの女性を引きつけます。私と彼女の結びつきは魂と魂の結合です。私の妻となる女性に私は愛と平和と真心を捧げます。そして、彼女もまた私に同じものを捧げてくれます。彼女は精神的に忠実で、バランスの取れた心を持ち、私たちは満ち足りたすばらしい生活をすることになります」

彼は博士の忠告にしたがって、この祈りの文句を一カ月にわたって唱え続けました。失恋のショックに打ちひしがれていた彼にとって、この祈りは格好の心の安定剤になりました。

しばらくして平静を取り戻した彼は、働き出したホテルで一人の女性と巡り合い、まもなく結婚しました。

それからまもなくして、彼のプロポーズを蹴っ飛ばし、悲嘆のどん底に追いやった女性の消息が聞こえてきました。

それによると、その女性はすでに六回も結婚したことがあり、男と別れるときには多額の手切れ金をせしめていたこと、過去に犯罪を犯して有罪判決を受けた前科者だったこと、彼と付き合っていた三年間も別の男と同棲していたこと……等々でした。

若者が経験する人間関係で一番ショックなのが失恋でしょう。それによって一生立ち直れない人もいます。また、一時的であれ、この若者のように「死にたい」と思いつめることも希ではありません。


起きたことはどんなことであれ、考え方一つで「最善」にもっていける

起きた出来事を肯定的に受け止めるか、否定的に受け止めるかでその後の人生は全く違ったものとなる

しかし潜在意識の理論では、その人に起きることは、いかなることであっても、考え方一つでそれを「最善」へ持っていくことができるのです。同時にそれを「最悪」へ変質させてしまうこともあり得ます。この差は生じた事態を肯定的に受け止めるか、否定的に受け止めるかにかかっています。

先の青年も否定的に受け止めれば、自ら死を選んでいたかも知れません。だが彼はそれを肯定的に受け止め、ただちに彼自身にピッタリの新しい伴侶探しへと結びつけたのです。

失恋は人生経験でつらい体験に属しますが、そのときから人生を最善へと展開させるチャンスもまたそれをきっかけにやってくると思うことが大切です。

どんなときも決して悲観したりあきらめたりしてはいけないのです。

16

恐怖を感じることとは相手に力を与えること

恐れていることは、しばしばそれが現実のものとなる

三〇代の女性が「別の女に夫を奪われそうだ」とマーフィー博士のところに泣きついてきました。彼女は他人の夫を奪う理不尽さを教えるために、彼女のところへ直談判に行くと息巻いておりました。

博士がそれを押し止めてこう言いました。

「その人へ一回だけ祝福を与えて、あとは関り合わないことです」

潜在意識の法則からいって、これはまったく適切な方法と言えます。潜在意識は個人の特定の感情や事情にはいっさい無関心でメカニックな働きをします。同時にその人の心の本音に忠実ですから「たいへんだ。夫をとられる」と恐れている人には、その恐れを実現しようと働きます。

ましてライバルが自信たっぷり勝ち誇っていれば、そちらの本音を実現する方向にも働きますから、ますますこの夫人にとっては状況が不利になってきます。そんな敵に塩を送るような真似をするのはおよしなさい、とマーフィー

博士は忠告したのです。

多くの人はこの夫人のような行動をとることでしょう。自分の伴侶を奪われないために、奪いにくる人間と直接対決しようとするのです。これは一見すると当然の反応に思われますが、一つ非常に不利な点があります。

愛の絆で結ばれているなら、その間に割り込もうとする人間が現れても、その人間には愛を破壊する力はありません。ところが恐怖にかられると、相手に本来ない力を与えてしまうのです。

この間の事情は、次のたとえからも歴然としています。

剣豪が山の中を歩いていると、谷川に無造作に丸太を数本置いただけの橋がかけられていました。目の前を歩いていた目の不自由な人は、杖を頼りにその橋をさっさと渡って行きました。だが剣豪は橋を渡ろうとして、不覚にも立ちすくんでしまいました。

恐怖する心が、相手を必要以上に強く見せる

見下ろす谷底はあまりに深く、丸太の橋はあまりにお粗末だったからです。つまり目の不自由な人は谷底の深さを知らないから恐怖を感じませんでしたが、目の見える剣豪は「落ちたらどうしよう」と恐怖を感じてしまったのです。もし、落っこちても何でもない窪み程度だったら、鼻歌まじりで渡れるものを、恐怖感というものはこれだけ人を戸惑わせるのです。

「高い場所に置かれた狭い幅の板の上を歩いているとき、恐いと思わないよりも恐いと思ったときの方が、下へ転落する可能性はずっと大きい。同じことは人生についてもいえる」のです。

人間関係でも同じです。相手に対して恐怖を感じることは相手が本来持たない力を与えることです。人はこうして恐れなくてもいいことを恐れ、普通なら何でもない事柄で大きな失敗を冒すことになるのです。

17 恐怖心をなくして堂々と振る舞える人間になる方法

ときとして大勢の人の前で挨拶したり、スピーチをさせられることがあります。そういうとき、立派にやりとおせるかどうかで他人の評価やチャンスの恵まれ方が違ってきます。機会が巡ってきたら、立派にやれる人間でありたい、と思う人も少なくないでしょう。

千人もの群集の前でスピーチをしなければならなくなった人が、自分の引っ込み思案をどう克服したかをマーフィー博士が紹介しています。

恐怖にかられたその人に、博士は次のようにアドバイスしました。

「かつて私もあなたと同じように、聴衆の前に立つとき、言い知れぬ恐怖にかられたものです。私がその恐怖を克服した方法は、聴衆の前に立つこと、つまり私がすることを恐れている、まさにそのことをすることでした。そうしますと恐怖は確実に死にました」

そう言ってから博士は、準備として次のことを勧めまし

恐怖心を取り払うには恐怖心のない状態を想像すること

た。

「今日から当日までの間、毎晩夜寝る前に、くつろげる椅子に腰を下ろし、軽く目を閉じて、自分が聴衆を前にして、落ち着き払って自信たっぷりに話している姿を思い浮かべてごらんなさい。聴衆はあなたの話に聞き入り、また大きな声で笑っている姿を……」

このアドバイスを守った結果、当日のスピーチはベテランも顔負けの立派なものであったと言います。

博士が勧めたのは、恐怖を克服するための自己暗示でした。人間はいろいろなことに恐怖を感じますが、人付き合いの苦手な人は、対人関係そのものに恐怖に近い気持ちを抱きがちなものです。

恐怖は「人類最大の敵」と言われています。失敗や病気や気まずい人間関係の背後には、必ず恐怖があります。

では恐怖とはいったい何なのか。「その大部分は現実には存在しないものです」とマーフィー博士は言います。

恐怖とは存在しないものの姿におびえている状態

たとえば、小さい子供は「ベッドの下におばけがいて、悪い子の前には出てくるぞ」と聞かされれば、恐くて身動きできなくなります。現実におばけがいないにもかかわらず、子供にとってはそれは現実的な恐怖です。

大人の抱く恐怖の大部分は、子供の恐れるおばけと同じです。「子供は、部屋を明るくしてやったり大人がちゃんと説明してやれば恐怖から開放されるように、大人は、自己暗示によって意識する心にはっきりした情景や自信を与えてやれば潜在意識にそれは移行し、恐怖は確実に死ぬのです」

18

嫉妬や羨望にかられた人間が損をするわけ

嫉妬と羨望は自滅のもと

男女間の愛情だけでなく、嫉妬や羨望の気持ちは日常の人間関係でも、よく生じる感情です。しかし、潜在意識の理論では嫉妬も羨望も自滅の要素としてこれを否定しています。それは一体どうしてなのかを考えてみましょう。

哲学者のB・ラッセルがこの問題について、男女の愛情を材料に次のような説明をしています。

ラッセルによれば、愛情には夫婦に見られるような安定した愛情と、複雑な恋愛関係で見られる不安や恐怖を土台にした愛情の二種類があると言います。

この二つの愛情の違いは、次のように説明できます。安定した愛情は、船で海を安全に航海しながら眺める陸の美しい景色のようなもの。これに対して不安な愛情は難破しそうな船から、必死に陸にたどり着こうとしているときに見る陸の景色のようなものです。

「不安感に起因する愛の感情は、もう一つの愛情よりも、格段に主観的で自己中心的である。なぜなら愛された人は、本質的な性質ではなく、どれだけ尽くしたかで評価されるからである。この種の愛情は人生において果たすべき正当な役割はまるでない」（ラッセル著『幸福論』岩波文庫より）

快走する船の上でともに陸の美しい景色を楽しもうとしている人に、幻覚でも見たように突然髪を振り乱して「助けて」としがみつくのが不安を土台にした愛情で、このとき助けを求める人は、自分が助かることしか考えていません。

安定した愛情の持ち主からすれば、相手がなぜバタバタ慌てふためいているのかわかりません。「変な人だ」と思わざるを得ないでしょう。

つまり、嫉妬や羨望の気持ちを抱く人は、船上でみんなでゆったりくつろいで、美しい景色を見ているときに、突然幻覚に襲われ錯乱した人物のように振る舞うことで、それは誰からもいぶかしがられるということです。

嫉妬や羨望は不安や恐怖を生み、相手に塩を送るようなもの

このように、嫉妬や羨望を感じて行動することは、ひたすら自滅の道を歩むことなのです。ですから嫉妬も羨望もするべきではありません。

嫉妬や羨望を感じるときは、日頃から博士が勧めているテクニック、「相手を一回だけ祝福して、あとは忘れてしまいなさい」を実行するのが一番です。

嫉妬や羨望に囚われることは不安や恐怖を生み出すことであり、それは敵に塩を送る行為であることをよく肝に銘じておきましょう。

ある女性は夫の浮気相手に激しい憎悪を感じ銃を購入しました。その話をマーフィー博士にすると、こう言われました。

「あなたは暗礁めがけて船を動かしています」

それから博士は、嫉妬や憎悪がどれだけそれを感じる人を自滅の道へと導くかを懇々と説明しました。

不安や恐れを解消すれば、嫉妬や羨望も消えてゆく

彼女は博士の忠告に耳を貸し、夫と愛人を神に委ねる決心をしました。すると間もなく、夫は愛人との関係を解消したと彼女に報告してきました。

聖書『ヨブ記』の有名な成句「私が恐れおののいたものが現実になった」は真理を突いた言葉であり、潜在意識を活用しようとする人間が決して忘れてはいけないものです。

嫉妬も羨望も、土台には不安と恐れがあります。いかなる理由があろうとも、恐れることは決してよい結果を生みません。

ラッセルは恐れない人についても言及しています。

「もちろん、恐れを知らない人も不慮の災難に遭うかも知れない。しかし、たぶん、臆病な人間ならひどい目に遭うような多くの困難な状況を、けがひとつしないで切り抜けるだろう」（前出ラッセル著）

実際に世の中の出来事は恐ろしいほどそうなっていま

す。

安心感を抱いて人生に立ち向かう人は、不安や恐れを抱いて立ち向かう人に比べて、はるかに幸福でまた実際に恐れるような出来事にぶつからないものです。

19

伴侶の選択に迷うときの正しい対処の仕方

迷うときは迷う心に委ねる

人生では「どっちを選ぶべきか」で迷うことがよくあります。一般的には「迷うこと」はよくないこととされていますが、マーフィー博士は「迷うときは迷う心に委ねることも必要」だと教えています。

なぜか。それは潜在意識に物事を委ねたとき、必ずしも予想どおりの回答がすぐに出てくるわけではないからです。とくに人間の選択のようなときには、しばしば迷いが生じます。そして、迷った末の遅れた選択が「正解」ということがしばしば見られるからです。

物事の判断を行っているのは顕在意識です。たとえば結婚相手を選択するとき、ごく常識的な判断材料として、年齢、学歴、職業、収入、容貌、性格などがあります。人はまずこれらの材料から一定の判断を下そうとします。

その結論は間違いとは言い切れませんが、あくまで顕在意識で出した結論ですから、過信は禁物です。

素直な心で潜在意識の声に耳を傾けるとき、間違いのない選択が得られる

ある女性は、一流大学を優秀な成績で卒業した大病院の勤務医からプロポーズを受けました。彼女に断る積極的な理由は一つもありませんでした。彼女は結婚を約束しました。結婚式の日取りも決まり、婚約期間という人生でも滅多にない充実した日々を送っていましたが、彼が海外出張している間に不思議なことが起きました。

彼女は何度も同じ夢を見るようになったのです。その夢の中で誰かが「結婚を思い止まるように」とのメッセージを送っているように感じました。彼女は悩みましたが、ついに決心して出張先の婚約者に電話をかけて夢の話をしました。

すると、彼は意外にも結婚を取り止めることを自ら進んで申し出たのです。

あとでわかったことですが、彼には男性を愛する性癖があったのです。彼は夢の話を彼女がしたとき、それを悟られたと感じて婚約を解消したのでした。結果的に彼女は潜

在意識の力によって「してはならない結婚」をせずにすんだのです。

どこから見ても「間違いない」と思われるのに、なぜかいまひとつ意志を固められないようなとき、潜在意識からメンタルシグナルが送られているのです。

「メンタルシグナルに注意しなさい。それは潜在意識が顕在意識に送ってくる信号で、天の声といってよいものです。天の声は決して誤りません」

ではどうすれば、その声が聞けるでしょうか。

「素直な心で天の声に耳を傾けるとき、あなたは輝かしい未来の門口に立っているのです」とマーフィー博士は言います。

迷ったときは潜在意識がストップをかけている可能性が大きいのです。ですから、迷いに任せてしばらくは放っておけばよいのです。

人間関係で重要なことはメンタルシグナルに耳を傾けること

20

あなたの望みをかなえる人物に巡り会うには

あなたの願いを常に思い続ける

つねに自分が「こうありたい」と願うことを片時も脳裏から去らせないでいることはよい習慣です。この習慣を持つ人は、自分の願望を実現させやすい人と言えます。なぜなら「考えることは拡大する」という性質を持っているからです。

ずっと以前に、マーフィー博士がインドで講演したことがありました。そのときに、この考え方の拡大の話をしたのです。

一人の青年がこの言葉を深く心に刻み込みました。彼はアメリカへ渡ることを切望していたのですが、当時の境遇や財政事情、ビザ制度の関係からそれはほとんど不可能に見えました。

この青年の訴えに博士は、「自分の夢を実現させたいなら、ただ障害や妨げる要素にばかり注目しないで、したいことをひたすら考えなさい。心というものは考え方を拡大するので、できない要素を考えるのは愚かで不合理なこと

自分の願いを考え続けていると、それを可能にする人を招き寄せる

です」とアドバイスしました。

青年は博士の忠告を守って、ずっと自分の願望を考え続け、毎晩眠る前には博士に作ってもらった祈りの文句を唱え続けました。しばらくすると彼はアメリカ人の企業家と巡り合い、ガイドとしていっしょにインド各地を旅行しました。

彼の熱心な仕事ぶりに感銘を受けたアメリカ人の企業家は、彼にニューヨークへ行けるだけの資金とビザ手続きをしてくれて、なおかつ彼を雇ってくれたのでした。

こうして彼は、念願のアメリカの地を踏むことができたのでした。

「彼の考えを刻みつけた潜在意識はニューヨークの企業家の心に影響を与え、インドでのこの男の願望を達成できるようにしたのです。自分の願望をずっと考え続けていると、あなたの潜在意識はそれを可能にしてくれるような人間を招き寄せるのです」

この法則の原理は簡単ですが、効果は絶大です。ただ、気をつけなければいけないのは法則ですから、潜在意識に刻印したことは、そのまま実現してしまうことです。

この青年がマーフィー博士に出会うことなく、依然として同じ願望を抱き続け、依然として「障害が多くて難しいだろうなあ」と考え続けていたとすれば、彼の望みをかなえるだけの力を持ったアメリカの企業家に出会ったとしても、願望は達成しなかっただろうということです。

21 周りから見放された人に唯一必要なこと

自分が勤めている小さな会社のボスとうまくいかず、首になった青年がマーフィー博士を訪ねてきました。

彼は経済的にも逼迫していて、近くに住む姉を訪ねて無心していたのですが、「心を入れ替えるまではお金は貸せない」と冷たく拒絶されていました。

彼の話を聞いた博士は、教会に関係したカウンセラーのところへつれて行きました。彼はそこでカウンセラーに自分のこれまでの生き方を説明しました。

たしかに彼は周囲の人間が見捨てるような行為をずっと繰り返してきましたが、細かく聞いてみると、彼は極めて善良な人間で、毎日曜日には必ず礼拝に出席し、困っている人間には施しもするようなタイプの人だったのです。

彼が会社を首になったのも、自分がした仕事の代金を「困っている」と言われて待ってあげたのが原因でした。

また彼の親族の見方も、かつての彼の行状であって、その後に彼自身が一人前に成長したことを知る人間はほとんどいませんでした。つまり、彼は身から出た錆とはいえ、以前の悪いイメージのまま評価されていたのです。

彼は博士に「自分にとって人生はいつも裏目、裏目と出る」と訴えました。これに対して、博士は何と答えたでしょうか。

「あなたはまず第一に、自分が誤っていたことを認める必要があります。そのことを周囲の人間に表明するのです。そうすれば、あなたを見る目が違ってきます。第二にあなたは否定的、破壊的な考え方を全面的に改めるのです。そうすれば、あなたの人生はまったく違ったものになっていくはずです」

このアドバイスはこの種の人間にとって極めて有益なものと言えます。

過去に周囲の人間に迷惑をかけたりして評判の悪かった人が、その後に悔い改めて正しい生き方を始めても、それをはっきり表明しない限りなかなか理解されません。

自分が間違っていたことをまず皆に表明する

否定的・破壊的考え方を全面的に改める

これまでと変わった自分をアピールすること

そして理解されないと「自分はこれだけ変わったのに世間は認めようとしない」という気持ちになり、そこから破壊的、否定的な想念が生まれてきます。これではせっかくの改心が功を奏さないのです。

彼は博士の忠告にしたがって、二つのことを実行し、周囲の人間と和解し、安定した組織の一員として働くことになりました。

周囲から見捨てられるということは、自分の側に責任があるのは明白です。その人間が改心したなら、それを周囲に知らせる責任もまた自分の側にあるのです。「世間は冷たい」という人の中には、とかくこの義務を怠っている人が見受けられます。

22

競争に疲れたときに効く精神的な特効薬

非常に発展している会社の社長が、マーフィー博士に自分の悩みをこう訴えました。

「私はいま疲れはてています。それでも緊張を解くことはできません。私の業界は毎日すごい競争に明け暮れていますし、人間関係も気を許すと取りかえしのつかないことになるからです。そのため私は、このままでは病気になりそうです」

博士が与えたアドバイスはこういうものです。

「毎日の当惑や苦労、悩みに精力を費やさないことです。まして、そういうものに支配されてはなりません。それらを超越してしまいなさい。そうすればあなたはいままで以上にあなたの潜在意識を通じて、天からの英知を授かることになるのです」

潜在意識の理論では「どんな人間にも自分では自覚できないほどの英知や卓越した能力が眠っている」と教えます。だが、この考えに同意しない人もいます。人には自ずと持

当惑や苦労、悩みに精力を費やさない

って生まれた能力の差がある。理解力でも差がある——と。

たしかに現象的な側面から言えば、神は人間を不公平に作ったとしか思えないかも知れません。たかだか三〇人、四〇人で構成する学校の教室で、同じことを教えても、成績はピンからキリまであります。会社でも能力を発揮する人間もいれば、いくら努力しても結果が伴わない人もいます。

しかし、それでも人間の能力には大差はないということは真実そのものなのです。ではどうして現実に差が出てくるのか。それはここで会社社長にマーフィー博士が言ったことの中に隠されています。それは「当惑や苦労、悩みに精力を費やさない」ということの中にあります。

実際に私たちが何かをやるときのことを考えてみてください。その目的に脇目もふらずにまっしぐらに取り組むことがどれだけあるでしょうか。私たちの行為の九九%は、雑念交じりの中で行われています。

エネルギーを一点に集中する

つまりエネルギーを一点に集中し切れていない。会社を立ち上げ発展させた有能な創業社長ですら、雑念の中で立ち往生しているのです。一つの行為に対して一〇〇％の意識を集中できたら、誰もが天才かあるいは奇跡的な業績を上げることでしょう。

さて博士はその会社社長に前記のことを言ってから、彼のために聖書のヨブ記にある次の成句を唱えるように勧めました。

「あなたは神と和らいで、平安を得るがよい。そうすればあなたに幸福がくるでしょう」（ヨブ記二二章二一節）

その社長は以後、いらだったり、やきもきしたり、怒ったりしたくなると、この成句を口にするようしたのです。

すると彼の心は平安に導かれ、なおかつ仕事は以前にもましてスムーズに運ぶようになり、ますます発展しているということです。博士はヨブ記のこの成句を「精神的な特効薬」と呼んでいます。

23 人間関係に自信のない人は小さな成功を経験するとよい

結婚できない男性が増えています。十分な収入もあり、まじめでこれといった欠点もなく、自身も切実に結婚を望んでいるのに、人との付き合い方に欠陥があって対象に恵まれない人たちです。

最近はテレビでそういう人たちの出会いの場を作る番組が作られ、高い視聴率をあげています。

テレビ番組の中で一人の女性とデートにこぎつけた男性がいました。その初デートの模様が放映されたのですが、結果は失敗でした。なぜ失敗したのか。彼が食事に予定していたレストランがまだ開かれていない時刻に着いてしまったのです。

女性はこの気配りのない男性に不信感を抱き、別のレストランへ行ったものの、気まずい雰囲気を最後まで解消できず、結局男性はフラれてしまったのです。

たしかに気配りは足りなかったかも知れませんが、女性の方もその程度のことでフクれるのは思いやりが足りず、二人はもともと相性がよくなかったのかも知れません。

だが男性の情けなさも目にあまりました。彼に足りなかったのは自信です。女性をうまくリードした経験がないために、自分のやり方にまったく自信が持てずに、最初の失敗で頭が混乱してしまい、後が続かなくなってしまったのです。

自信を持って付き合うには経験が不可欠

こういう失敗を繰り返す人は少なくありません。といって、最初は誰でも未経験ですから、彼の場合もどこかで成功をしないと、いつまでたっても自信がつきません。その場合にどうしたら未経験でも自信がつけられるかという問題が出てきます。

一つはシミュレーションをやってみることです。つまり、想像のうちで何度も何度もデートを繰り返して自信をつける。そういうやり方が一つあります。

もう一つはどんなに些細なことでもいいから、一度は成功経験をしてみることです。

潜在意識は経験を重視する

そのためには本命女性といきなりデートするのでなく、親戚の叔母さんでもいいから自分でリードしていっさいを仕切ってみることです。そういう訓練を何度か積めば、いざ本命の女性とのデートで取り乱すことはなくなります。

潜在意識は経験を重視します。些細なことでいいから、目標を決め実行し達成感を味わうことを勧めます。何事においてもそれが大きな成功を収める第一歩となるからです。成功した体験を持てば、そこに至るプロセスのすべてを学ぶことができます。

土木建築の世界では模型を作って実験します。河川工事をするとき、巨大な川の流れを実測するより、模型の川に水を流してみればたいがいのことがわかります。飛行機を作るときでも風洞実験を試みます。

人付き合いは予想がつけにくい面がありますが、それは双方に言えることで、一番の問題は自信の方です。講演を

自信をつけるにはまず行動してみること

するとき、何を話すか詳細を決めていくよりも、テーマと大まかな筋だけにしておいた方が、生きた講演ができるように、臨機応変に振る舞える自信を持つことです。

自信というものは一回でもきちんとできると、びっくりするほどつくものです。なかなか成功できず劣等感を持っていたり、自信を持てない人は、何はともあれ「小さな成功」をすることを心がけることです。

最後にマーフィー博士の言葉を紹介しておきます。

「自信のない人に共通しているのは、単に消極的な思考ばかりでなく、行動しないことが最大の欠点になっているのです」

24 相手の否定的な言葉には耳を貸すな

大衆の心が下す判断は、消極的・否定的

新しい計画を立てて親しい人に話すと、多くの場合は否定的な答えが返ってくるものです。その源になっているのはマーフィー博士が「大衆の心」と呼んでいるものです。

これは「世間一般の常識的な考え方」という意味ですが、博士はこの「大衆の心は扱いに十分注意せよ」と警告しておられるのです。なぜなら大衆の心の下す判断は、おおむね消極的で否定的だからです。

こういう男性がいました。

彼はマーフィー博士の著書の一冊を読んで、これまで勤めていた会社を辞めて自前で店を持とうと考えました。

貯金をはたいて頭金を払い店を手に入れることにしたのですが、彼の妻をはじめ親戚の人間までもが彼の計画に反対を表明したのです。彼にはそれまで店を経営した経験がなく、また資金も潤沢とは言えませんでした。そんな状況で事業を始めるのは危険であると考えたのです。

これは典型的な「大衆の心」の判断です。彼は周囲の反

四面楚歌に陥ったときは、神を仲間とせよ

対に逆らって強引に始めたために、味方になってくれる人がいませんでした。奥さんはかろうじて了承しましたが、とても味方とは呼べない心理状態でした。だが、一年後に彼は大成功を収めたのです。

彼はマーフィー博士のところへお礼を言うためにやってきました。そして博士に、自分が得た唯一にして最強の味方の存在を告白したのでした。

「周囲の反対の中で私は正直いって四面楚歌でした。自信がぐらつきかけたこともあります。だが私はすばらしいことを思いついたのです。私は神を自分の仲間にすることに決めました。私はこの見えない存在に語りかけてこう言いました。今日からあなたが私の仲間です。私たちはチームを組んだのです。これで失敗することはあり得ないはずです」

彼とよく似た状況からスタートして富豪になったのがアメリカの著名な実業家ウールワースです。彼はバラエティ

成功者より失敗者が圧倒的に多いのは、大衆の心に支配されているため

ストアの祖と言われる存在ですが、最初に始めたときは周囲から「絶対に失敗する」と猛反対されました。事実、彼はそれから一〇年間というもの、さしたる成功を収めることはなかったのです。

だがウールワースも神を唯一の仲間として、決して大衆の心に惑わされることがありませんでした。その態度が富豪への道を開いたのです。

世の中には富豪や自分の願望を実現する成功者よりも失敗者の方が圧倒的に多いのは、大衆の心に支配されやすい人がいかに多いかを物語っています。

彼らは十中八九は「駄目だろう」「危険だよ」「やめた方がいい」と言ってきます。その否定的な言辞が正しいこともないわけではありませんが、何か新しいことを始めるなら、それに耳を貸すのは危険です。

否定するのではなく聞き流して、自分と唯一の仲間の声に耳を傾けるべきです。

25 相手のことを話題にすれば人は耳を傾ける

人間関係の達人は聞く才能を持った人

ディズレーリという政治家がいます。ビクトリア朝華やかな一九世紀の大英帝国で宰相をつとめた人ですが、階級社会のこの国で、彼の家柄はユダヤ系で決してよいものではありませんでした。

その彼が一介の文士から身を興し宰相にまでのし上がったのは、話術の巧みさであったと言われています。話術というと人は弁舌さわやかな喋りを思い浮かべますが、彼の場合はしゃべることよりも相手の話を聞くことに長けていたのです。

伝《つて》を頼って何とか上流社交界までたどり着いた彼は、着飾った婦人を相手に彼の聞く才能を存分に発揮しました。その結果、彼は社交界で婦人層の花形になったのです。

早くから政治家を志していた彼は、ある上流婦人の後押しで六回目の挑戦で当選し、政治家の道を歩み始めます。そしてその上流婦人が死ぬと、今度は一回りも年上の婦人と結婚。この結婚は財産狙いなどと悪口を言われましたが、彼は意に介しませんでした。

政治家としての地歩を築いた彼は、多数の政敵を薙ぎ倒し、ビクトリア女王の信任を得て宰相の地位まで昇りつめたのです。彼の最大の特徴は女性に人気のあったことで、このことは次の愉快なエピソードとして語り継がれています。

ロンドンの街で数人の女性が話をしていました。

「ねえ、ディズレーリとグラッドストーン（彼の政敵）の両方から求婚されたら、あなたはどっちを選ぶ？」

「もちろんディズレーリよ。選択の余地はないわ」

「私もディズレーリね」

なかに一人だけ「私はグラッドストーンを選ぶわ」と言う女性がいて、彼女はみんなから「へえー、どうして？」と聞かれました。すると彼女はこう答えたのです。

「私は一度グラッドストーンと結婚して、それからディズレーリのもとに走るのよ」

相手のことを話題にするのが人間関係をよくするコツ

これほど女性に人気があったディズレーリは、人間関係の達人であり、後の世に数々の名言を残しています。そのいくつかを紹介しておきましょう。

「できるだけ女性に話しかけよ。これが能弁になる一番の近道である」

「人生で成功する秘訣は、よい機会が巡ってきたとき、それを迎えられるようにいつも準備しておくこと」

「相手のことを話題にすれば、相手は何時間でも耳を傾けてくれるものだ」

実際に人の話をよく聞くことは、相手を説得する有力な武器になります。有能なセールスマンは喋り上手よりも聞き上手であると言います。なぜなら人が説得されるのは、自分が満足したときで、その状態を作るのは聞くことが一番だからです。

聞くことの重要性を知るには、次の話だけで十分かも知れません。

アメリカの電話局が一人の偏屈男にまいっていました。彼は電話局に何かと難癖をつけて電話料を滞らせていて、何度も係の人間が交渉に行きましたが、いつも追い返されるのがオチでした。

とうとう交渉事の達人が派遣されることになりました。彼は偏屈男に一度会っただけで溜まっていた電話料を全額支払ってもらったのです。いったい彼がどんな手を使ったのか、周囲の人間は興味津々で彼に尋ねました。

彼の答えは次のとおりです。

「私は何もしません。電話料の請求さえしませんでした。ただ、彼の所へ行って、身分を明かしたうえで、彼の話を聞いてやっただけです」

人の話を聞くことは、人間交渉術でもっとも効果的な方法であるといってよいでしょう。

人の話をよく聞くことが相手を説得する武器

26

他人に抱く印象は自分の心の反映

知り合ったはじめの頃は「あんなすばらしい人は滅多にいない」としきりに感激していたのが、しばらくすると「あんないい加減な人間はいない」とぷんぷん怒っている。こういう人をよく見かけます。

現実問題として人がそう急に変わるわけはないので、これは評する側の人間の見方が変わったということです。

このようなことからもわかるように、他人について抱く印象というものは、人によってさまざまに違っています。

ある人を評して一人が「誠実そう」と言うと、他の人は「けっこう裏がありそう」などと言う。

人は客観的に印象を述べているようで、相当部分は主観が入っています。そのため、他人の評価とはいえ、うっかりそれを口に出すと、そこから自分がどんな人間か読まれてしまうことがあります。

フロイトは人の発言（言葉）というものを、ことのほか重要視した心理学者で「人間には絶対に言い間違いはな

他人への評価が変わるのは、自分の心が変わったこと

い」とまで言っています。たとえば議会で議長が「それではこれから開会します」というべきところで「閉会します」と言ったとします。

ごく常識的には「言い間違え」と解釈しますが、フロイトは「実は開きたくない」「一刻も早く終わらせたい」この現れであると見るのです。小切手の数字を少なく間違えて書くのは「支払いたくない」という気持ちの反映であるとも言います。

要するに、人間の言動はいつもその人の気持ちの現れだということ。このことに関しては、次の有名な言葉があります。

「己素直なるときは、浮き世に悪しき人なし。己僻事なるときは、悪しき人多し」。江戸時代の僧、鈴木正三の言葉ですが、たしかに他人への印象にはそういうところがあります。

これはマーフィー理論の「よいことを考えればよいこと

が起きる。悪いことを考えれば悪いことが起きる」とどこかで符合する考え方といってよいでしょう。一般的にいって人間が抱く印象というものは、過半は悪い方へと考える性癖を持っています。

それは人間が持つ防衛本能からくるもので仕方がないと言われていますが、だからこそ、できるだけ物事はプラスへと考えるようにするのがいい、と潜在意識の理論は肯定思考を奨めているのです。

自分の心の中を点検してみること

非常に正義感の強い一人の男性が、世の中や周囲の人間について始終腹を立てていて、その結果、仕事も人間関係もうまくいかなくなった例があります。その人に対してマーフィー博士はこう言いました。

「あなたは世の中の有り様に腹を立て、周囲の人間の無礼さで怒っていますが、真実はそれらの名を借りて、あなた自身に対して腹を立てているのです」

これは一面の真実を突いた指摘です。実際に彼は自分の事業が思うようにいかずにイライラを募らせていて、そのうっぷんを別のものに託していたのです。

そのことに気づいた彼はなるべく腹が立つような新聞記事に目を通さないようにして、周囲の人間との融和を図りました。すると、不思議なことに仕事が順調に運ぶようになったのです。彼は世の中には腹の立つ出来事も少なくないが、心を和ませる出来事もあちこち転がっていることを知りました。

周囲の出来事、他人の印象は自分の心の投影

あなたが世の中や他人に抱く印象がよくなかったら、それらに注目する前に、自分自身の心を点検してみることです。

自分の心が満ちたり充実していれば、世の中は決して嫌なことばかりではなく、人々はいい加減な人ばかりでないことがごく自然に理解できるでしょう。周囲や他人、外界への印象は、どんな場合も自身の心の状態を反映したものといって過言ではありません。

27

引っ込み思案を矯正するよい方法

若い女性がマーフィー博士を訪ねてきて、自分の悩みを打ち明けました。

「私にはボーイフレンドが一人もおりません。その理由を私はわかっています。私はとても恥ずかしがり屋で、全てのことに引っ込み思案です。この性格を直したいと思うのですが、その方法がわからないのです」

博士は彼女に「あなたの望みは何なのですか」と聞きました。

彼女は「自分にあった恋人に巡り合い、結婚して子供を産み、平和で安定した家庭を築きたいことです」と答えました。

博士は、どうすれば彼女が望みを実現できるかを説明しました。彼女はそれを実行し、実際にすばらしい男性に巡り会ってめでたく結婚しました。

博士が勧めた方法とはどんなものだったのでしょうか。それは博士が「心の映画法」と名付けた方法でした。「心の映画法」とは、「そうであるかのように振る舞えばそうなる」という潜在意識の法則に従ったものです。

自分が「こうであったらいいな」と思う脚本を脳裏に組み立て、想像の世界で自ら主役を演じるのです。

彼女はボーイフレンドにしたい男性を手帳に何人も書き出し、一人ひとりとデートしている自分を思い描くことを日常的な習慣にしたのです。彼女はそれを毎晩眠る前にベッドの中で行いました。

読者はこれを他愛のないこととお考えですか？　マーフィー博士は「この方法くらい自分の願望を手元に引き寄せるのに効果的な方法はない」と言っております。

なぜなら潜在意識がこの想像行為を印象として受け取り、心の深層の流れをつくって、無限の英知を媒介として実現へ向けて力を貸してくれるからです。

想像の世界で「引っ込み思案でない」自分を演じてみる

引っ込み思案や恥ずかしがり屋の人の最大の弱点は、行動の希薄すなわち経験不足ということです。

「引っ込み思案」は経験不足がもたらすもの

この経験不足を想像の世界で補うのが「心の映画法」と言えます。同時に具体的な対象が定まっていれば、この方法はその人物の潜在意識に具体的に働きかけることもできるのです。

したがって、これを繰り返していると、いつの間にかこっちに自信がつくと同時に、相手も無意識の働きかけで変化してきます。夢の交信と同じことが行われるので、想像裡に行ったことが現実化するのはたやすいことなのです。

自分が引っ込み思案、恥ずかしがり屋だと思っている人は、まず自分の心の中で「そうでない自分」を演じてみることです。想像の世界でなら何の躊躇もなくできるはず。それが日常的な習慣になったとき、あなたはそれを克服しています。

28

人を指導する自信がない人は、どうすればよいか

試みる前に恐れおののけば、千載一遇のチャンスを失う

営業畑で非常に有能な社員がいました。まだ経験はわずかなのに、抜群の営業成績をずっと上げ続けている社員でした。彼を見ていた上司はその才能を高く評価し、八人ほどのチームのリーダーに抜擢することにしました。

上司からそのことを告げられると、彼は喜ぶどころか真顔で「とんでもない。私にはリーダーなどできません」と強く辞退しました。その態度を上司は「謙虚さ」と受け取ってますます彼を気に入り、チームリーダーになることを撤回する様子がありません。

困惑した彼は「どうしたらよいのでしょうか」と博士の所へやってきました。

「もし引き受けなければ駄目だというなら、私は会社を辞めるしかありません」。彼はそれほど思いつめていました。

「あなたは根本的に心の持ち方を誤っています」

そう言ってから博士は、シェイクスピアの言葉を引きま

した。「心のうちに潜む疑いの心こそ反逆者なり。試みる前に恐れおののきて、千載一遇のチャンスを逃す元凶……」。それから博士は潜在意識の働きを説明しました。

博士が指摘した根本的な間違いとは「否定思考」のことでした。

疑いも戸惑いも否定的な考えから出てくる

疑いも戸惑いも否定的な考え方から出てきます。彼は自分一人で何かをすることについては自信たっぷりでしたが、人を指導したり人と一緒に行動することが苦手で、だからリーダーになることを恐れたのです。

博士は彼に「肯定法」を伝授しました。肯定法とは「それはそうなんだ」と言明することです。彼の場合で言えば「自分はよいチームリーダーになれる」と自分自身に対して言明することです。

ところで、彼がそのことに自信がないと思っているのに、その反対のことを言明するのは理に外れることでしょうか。

自分が「かくありたい」と思うことを信じ、肯定する

この疑問に対して、博士は次のような説明をしています。

「人間はいかなる場合も肯定しかできないのです。たとえ、あなたが何かを否定したとしても、それは自分の否定する存在や事柄を肯定することになるからです」

これはどういうことでしょうか。状況が肯定に不利であっても、状況それ自体の存在は肯定せざるを得ず、肯定に肯定を重ねていくと、最終的には肯定したとおりの結果が出てくるということです。

つまり潜在意識は、信じるように反応してくれる。だから、私たちはいかなることであっても、自分が「かくありたい」と思うことを信じ、それを肯定すべきなのです。

29

悪口は
そこにいない
相手にも伝わる

これはある種の性癖を持っている人たちには、ちょっと恐い話かも知れません。

婚約者と離れて暮らしている女性が、たて続けに似た内容の夢を見ました。彼女の婚約者が別の女性を口説いているという夢でした。夢の中で、婚約者はその女性に向かって、はっきりとこう言っていました。

「僕には婚約者がいる。だが彼女はここから何百キロも離れたところにいるんだから、君とのことはわかるはずがない」

何日かして婚約者から電話がかかってきたとき、彼女はその夢の話をしました。もちろん、彼女はその夢を信じていなかったので、軽い冗談のつもりで言ったのですが、婚約者の狼狽ぶりはたいへんなものでした。そして、彼女は正夢であることを悟ったのです。

その場にいない人の悪口を言っても、聞いた人が伝えない限り、相手に伝わるはずがないと考えがちです。だが、

潜在意識でも、高度な心の交流ができる

潜在意識は何もかも知っています。だから、この例のように相手に何かの形で真実が伝わることはあり得るのです。

この事実は人との付き合いのうえでかなり重要な要素になります。私たちが心を通わせるのは、何も面と向かって面談したり、電話で伝えたり、ファックスやメールのやりとりだけではなく、お互いの潜在意識でも高度の心の交流ができるということです。

ただ、潜在意識による交流は一定の条件が必要になります。婚約者の浮気を夢で知ることになった女性は、子供の頃から直観力に優れていました。直観力に優れているということは、潜在意識との応答の習慣を持っているということです。

そういう人が見る夢はしばしば正夢になったり、予言的な夢であったりします。この能力を磨くには、夜眠る前に想像する習慣をつけると同時に、聖書の教えるまじめで正しい考えを普段から身につけるように心がける必要があり

ます。

このことを裏づける根拠として、博士は聖書の次の成句を引いています。

「何事であれ祈って求めれば、ことごとく得ることができると信じなさい。そうすればあなたたちは必ずそれを手に入れることができるであろう」（マルコ一一章二四節）。

考えや思想は目に見えるものではありませんが、潜在意識の領域では目に見えるものとして扱わなければなりません。いまここにその人がいないからと、悪口を言ったり、策略をめぐらしても、そのことが相手に伝わるかも知れないのです。

悪口は潜在意識を通して人に伝わっていく

とくに聖書的に見て正しい人を相手にするときは、それがよく起こります。そういう人の潜在意識は、全ての問題に対する答えをすでに知っているからです。ですから、私たちは常に自分の意識する心の抱く考えや思想を、全て注意深く見張らねばならないのです。

30 他人の言葉の犠牲になってはならない

他人の何気ない一言であなたの人生が台なしになることがある

普通、一般に「他人の犠牲になる」とは、身近な人間の存在や行状によって、迷惑を被ることを意味します。

たとえば、心配ばかりかける子供のために病気になる母親、妻の浪費で家計を破綻させる夫、あるいは夫の浮気で犠牲になる妻といった具合に。

だが、マーフィー博士が言うのはそういう犠牲ではありません。

他人の何気ない一言、家族や身近な人間から繰り返し発せられる言葉や評価などによって、自分の中にある資質や才能、美点などを凍結してしまうことです。

博士自身が、次のような体験をしていると言います。

少年時代、博士は学校の先生から次のように言われたのです。「君は吃音者（どもり）だから人前で話すような仕事は向かないね」

この一言にマーフィー少年は傷つきますが、すぐにこう思ったそうです。「よーし、いまに何千という聴衆の前で立派に話をしてみせ、先生を見返してやるんだ」

この教師の言葉を受け入れると、それは自己暗示になって「自分はそういうものなんだ」と思うようになります。それが「犠牲」だと博士は言うのです。

博士がある店に立ち寄ったとき、快活で笑顔のすばらしい若い女性の店員に「君はすばらしく魅力的だね」と声をかけると、彼女は意外な反応を示しました。「あら、お上手だこと。家ではいつも母から、お前は家族で一番ブスで不恰好ねと言われているんです」。彼女も母親の犠牲者と言えます。

アメリカの有名なソプラノ歌手のシューマン・ハインクは、音楽修業中に教授から「とても歌手になれるような声ではないから、さっさと家へ帰って花嫁修業をするように」と言われました。だが、彼女はその暗示を拒否しました。もし受け入れていれば、歌手にはなっていなかったでしょう。

他人の悪い暗示から抜け出すには「真理の言葉」を心に刻みつけておく

もっと恐い話もあります。

ハワイにいる博士の知り合いが、原因不明で衰弱し、死にかかっていました。彼はつい最近付き合っていた女性の一人と結婚したのですが、結婚できなかったガールフレンドが怒って祈祷師に頼んで呪いをかけたというのです。

博士は数日間続けて彼を見舞い、彼の前のガールフレンドと会って、すべてを解決してきたと告げました。それを聞いた彼は元気を取り戻しました。

だが博士は、こう言っているのです。

「私は彼に関連した誰とも会っていませんでした。彼に言ったことは、私が勝手にでっち上げた真赤なウソだったのです」

だが、このウソが彼自身に植えつけられた悪い暗示を中和する役目を果たしたのです。

人との付き合いで、このような悪い暗示を受けることは少なくありません。それは時に親切な忠告として行われる

真理の言葉――良きことを考えれば善がもたらされ、悪しきことを考えれば悪がもたらされる

ので、自分がその犠牲になっているなどとは夢にも思わないかも知れません。他人の暗示によって犠牲になっている人は想像以上に多いのです。

その対策について、マーフィー博士はこう言います。

「良きことを考えれば善がもたらされ、悪しきことを考えれば悪がもたらされます。この真理の言葉をあなたの心に永遠に書きつけておきなさい。あなたの中にある力を、他人の誤った意見などに譲り渡す必要はまったくありません」

31

占いを当てにして人間関係を築くな

占いによって自分の将来が決まることはない

人間関係の選択に「占い」やそれに類したことを物差しにする人がいます。そういう習慣がない人は「ごく一部の人だろう」と思いがちですが、実際は占いによる選択、意思決定は想像以上にこの世にはびこっていると考えられます。というのは、時の権力者や高い地位にある人が意外に占いに頼ることが多いからです。

では、マーフィー博士はそのような選択や意思決定について、どんな考えを持っておられたでしょうか。

結論から言えば、占いに頼ることに博士は、否定的な見解を表明しています。たとえば博士は、こんな例を挙げておられるのです。

博士が生まれ故郷のアイルランドへ里帰りしたときのことです。遠い親戚の男性が悪いジンクスにとらわれており、自分の将来をトランプで占ったところ「悪いことが起こる」という回答が出たため、息を潜めてびくびくしながら暮らしていました。

自分の考え方、態度によって未来は変わってゆく

「彼は教養があり、学位も持っている人間であるにもかかわらず、物事を一組のトランプの並び方で決定されるという間違った固定観念に縛られていたのです。そこで私はエマーソンの運命の定義を彼に思い出すように話しました」

エマーソンの運命の定義とは、博士によれば次のようなものでした。

「あなたの魂（潜在意識）は、あなたに将来起こる出来事をすでに知っています。なぜなら、それらの出来事は、あなたがいま考えていることの実現にすぎないからです。それらはあなたの姿の押し型であり、あなたの皮膚と同じようにピッタリあうのです」

ここまでだったら、博士の親戚の者は、その自分の未来をトランプで見い出したかも知れず、彼の恐れも理解できることになります。だが、博士の見解はこの先が大きく違っていました。「誰の未来も現在の思考の結果ですが、その本質は永遠不変ではないということです。自分の考え方

占いの結果は一つの暗示にすぎない

や態度によって絶えず再生しているのです」

つまり占いの結果は一つの暗示に過ぎません。ただ受け入れたとき、それはその人間の中にまかれた種のように成長し現実化していきます。その暗示が自分にとって好ましくないときは、それを拒否して自分自身の好ましい考えにしたがって、輝かしい未来を創造すればよいということです。

つまり占いによって不吉な結果が出たからといって、そんなものにとらわれる必要は一つもないということです。

ここで一つ疑問が出てくるのは、では、トランプ占いや占い師の言葉がまったくアテにならないのかということです。この点について博士は「占いが正しく言い当てることもある」ことを認めています。

「占い師が非常に敏感な人間であるならば、占う人間の潜在意識を受信して、彼のそのときの心の状態をかなり正確に言い当てることができます。それをもとにその人間の

占いの結果にとらわれていると、そうなってゆく

未来を予言構築してみせることは十分に可能なのです」

ただ、その未来は現在の潜在意識の状態が変わらないことが前提です。その後で考え方を変えれば、未来も変わってきます。ところが占いを信じるタイプの人は、その不吉な予言を自分の固定観念にして、自分でわざわざそれが予言が当たるように仕向けてしまうのです。博士の親戚の人間が陥っている状態がまさにそれでした。

博士は彼のために心的態度を変えるように説得し、そのための祈りの文句を作ってあげました。

「私は幸福と成功と、繁栄と心の平和を選びます。私は神の導きによって過ごし、私のすることはすべて成功します。この私の考えは全て私の潜在意識に沈み込み実現します。私は神の子なのです」

彼の身に案じていた不吉なことはいっさい起こりませんでした。人間関係に占いの類いを用いることは避けるべきです。

32

よい人間関係は夢の中から始まる

夢は有効に活用できる

　夢占いという言葉があります。自分が見た夢を解釈して、そこから予言的な要素を見つけ出すことです。博士はいわゆる一般的な占いに頼ることを否定しておられますが、自分自身が見る夢が、自分の未来のために有効に活用できることは認めています。

　たとえば、博士は結婚相手を夢で見つけた若い女性のことを、次のように報告しています。

「まだ大学に在学中の若い女子学生から聞いた話です。彼女はかつて私の本を読んだことがあり、夢や、幻の中ですばらしい体験のできることを知っていました。彼女は二一歳で結婚したいと思い、そのために一週間ほど毎晩眠る直前に、より高い自我とそのことについて会話を繰り返していました」

　より高い自我とは「神」のことです。彼女は神が自分にもっともふさわしい配偶者を見つけてくれることを願い、それを確信し、それから眠りにつきました。彼女は夢の中で、よく似た年頃の若い男性を見ました。彼は本を抱えていました。彼女は、この男性が自分の未来の夫であることを直観しました。

目覚めると、それがどこの誰かもわかりませんが、彼女はあえてそれを詮索することなく、毎晩同じようなことを繰り返していました。

それから二カ月経って、彼女は教会で隣り合わせになった男性を見て、夢の中で見た男性と気がつきました。彼は聖書を抱えていたのです。二人は付き合いはじめて一カ月後に結婚しました。

人間関係の構築に夢を利用するなど、荒唐無稽と考える人も少なくないでしょう。だが、夢は深層心理の交信を可能にしていると考えられます。

聖書の『詩編』には「エホバ、その慈しみ給うものに眠りを与え給う」とあります。

複雑な人間関係では、面と向かって言えない場合もあります。また、その人間が誰と特定できないが、切実に必要としている場合もあります。そういうとき、彼女がやったように眠る前に、その必要性を念頭に「よい人間に巡り会う」「よい人間関係を構築できる」ことを念じれば、それは私たちの顕在意識では理解できない高次元の魂の交流を促すことになると考えられます。

博士の書かれた本で名著の誉れ高い『眠りながら成功する』（産能大学出版部刊）に次のような言葉があります。

「眠る前に、あなたの潜在意識に特定の要求を与えなさい。潜在意識に刻み込むことは何でも、状態、経験、事件として空間という映写幕に表出されます。ですから、意識する心の抱く考えや思想を注意深く見張る必要があるのです」

「よい人間に巡り会う」「よい人間関係を構築できる」と念じよう

33

孤独を克服するには

人間にとって最大の苦痛は「孤独である」との説があります。このことは以前はあまり注意が払われていませんでしたが、高齢化社会になっていくにつれて、世界の先進諸国では改めて気づき始めたことだと言われています。

人とトラブルを起こすことも、孤独を避けたい人間の願望の現れで、ときには犯罪を犯してまで、他人とコンタクトをとりたいと思う人もいます。孤独地獄がどれほどつらいものかがここからも伺えます。

不幸にも子供と夫を航空機事故で失って、ひどい孤独に陥った婦人がおりました。悲しさと寂しさで気が狂いそうになった婦人は、博士を訪ねました。博士は聖書の詩編の真理を一日数回唱えることを勧めました。

詩編二三編には、こうあります。

「エホバは牧者、私の魂をさわやかにしてくださいます。たとえ深い陰の谷を歩もうとも私は恐れません。善良と愛ある親切が、私の命の日の限り私を追うことでしょう。私

瞑想は「孤独」を癒してくれる

は長い日々にわたってエホバの家に住むのです」

彼女がこのような瞑想を繰り返していると、あるとき彼女は次のような声を聞いたのです。「あなたは他人の人生の中に入って自分の必要を満たしなさい」

この言葉は彼女が夢うつつの状態のとき、どこからともなく聞こえてきたのです。そのとき彼女は翻然と悟ったことがありました。

「私は人のために生きる。そのためには看護婦になるべきなのだ」

彼女は次の日から病院を訪ねて、積極的なボランティア活動を始めました。

大勢の患者を前に、自分の体験や聖書の知恵などを話しました。悲劇の体験から立ち直った彼女の話は説得力に富み、多くの人々の共感を得ました。

彼女自身はただ夢中で行っているだけで自覚はあまりなかったのですが、非常に大勢の人々に勇気を与えていたの

いたずらに人との接触を求めず、心の声に耳を傾ける

です。まもなく彼女は正式な看護婦の仕事に就き、世話する全ての人たちに、感謝される存在になりました。

気がついたとき、彼女の孤独は完全に癒されていました。

「彼女が聞いた声は直観の声でした。潜在意識の内なる予言は、しばしばその人にだけしか聞こえない声の形で与えられます」とマーフィー博士は言います。

自分が孤独で寂しい思いをしている人は、いたずらに人との接触を保とうとせずに、まず自分の心の声に耳を傾けるべきです。そうすれば、自分がどこで何をすれば一番よいのかが直観で教えられます。それを実践すれば自然に孤独から救われるのです。

34

意見や見解を異にする人への対処法

　ある婦人が博士に、次のような内容の手紙を送ってきました。

「私の夫は非常に怒りっぽい人です。何に対してでもすぐに腹を立て、たとえばその日の朝配達された新聞記事を読んでかんかんに怒り出す始末です。新聞や雑誌でこれですから、通常の人間関係でも始終トラブルを抱えてしまいます。そのせいでしょうか、胃潰瘍の診断を受け、医者はこのままでは悪化の一途だろうと言っています。どうやったら夫のこの性格を変えることができるのでしょうか」

　博士はこの婦人の夫と対面することになりました。夫はしぶしぶやってきました。そこで博士が指摘したのは、次の点でした。

「怒りは正当の場合も多くあるので、怒ることそのものを否定することはできません。しかし新聞や雑誌は、あなたと政治的、宗教的あるいは心情的に異なる立場の見解や意見を表明する自由はあります。それが認められないとし

やたらに怒る人は情緒面で未熟な人

たら、あなたは情緒的な面で未熟としか言いようがありません」

それから博士は、一番肝心なことを申しました。

「あなたは自分の病気の原因を新聞記事やあるいは周囲の人間の行状にあるように思われるかも知れませんが、それは間違っています。あなたに影響を与えるのは、決して人が言ったりやったりすることではなくて、問題はその言われたこと、やられたことに対するあなた自身の反応なのです」

この後、夫は博士から授けられた祈りの言葉を繰り返す習慣を身につけました。彼が意外な素直さでマーフィー博士の忠告を受け入れたのは、いつも怒ってばかりいることに彼自身が苦痛を感じていたからでした。

しばらくして、婦人が夫の様子を博士に報告してきました。

それによると、以前は怒っていた新聞記事でも、現在は皮肉を言ったり笑ったりしているとのことでした。つまり彼女の夫は同じ考えでいながら、意見を異にする意見や見解に心を乱されたり、イライラすることがなくなったのです。まもなく胃潰瘍も快癒したそうです。

人と見解を異にすることはよくあります。また、世間の風潮を見て、腹立たしく感じることも多いと思います。とくに現代のような転換期にはさまざまな価値観が現れるので、旧守的な考え方の人や常識的な見解の人から見れば、ストレスを感じることも少なくないことでしょう。そういう人は、博士の次の言葉を銘記してください。

「他人に怒りを感じたとき、自分の心に中止命令を出しなさい。それが正当な怒りであっても、怒りは何も生まないばかりか、あなたから忍耐力を奪ってしまいます」

怒りは何も生まない。他人に怒りを感じたときは怒りの中止命令を出す

35

難しい個性や癖を持った人との付き合い方

従業員が一〇人足らずの、ある小さな会社で起きたことです。

発足一年しか経っていないその会社は、当初の目論見の仕事がまったく外れて、存続が難しい状況にありました。創業した社長は、会社の解散を考えていましたが、その矢先に降って湧いたような吉報が飛び込んできたのです。

従業員五〇人、創立五〇年の歴史を持つ会社が、ある事情からドル箱の仕事を放棄せざるを得なくなり、そっくり引き継いでくれないかと言ってきたのです。

それを引き継げば会社は完全に立ち直る。ただ、当初に考えていたのと異なる仕事であることが一つ問題といえば問題でした。

だが社長は会社の起死回生の策として、その申し出を受け入れることにしたのです。ところが、その意思決定のとき、たまたま不在だったナンバー2の専務が「自分のいないときに決めた」という理由で、その決定に異を唱えたのです。

むろん、それなりに理屈はつけましたが、それはとってつけた理屈で、要するに自分をないがしろにしたことが気に入らないのでした。

世の中には、ときどきこういう性格の人物がいます。企業家としての冷静な判断よりも、自分の名誉とかプライドの方を重視するタイプの人です。そういう人間が会社の重要な地位を占めると、運営が非常にやりにくくなります。

マーフィー博士はこういう人間について、次のようなことを言っておられます。

「実際、心がひねくれて、ひがみっぽく、扱いにくい人間が世の中にはいるものです。そういう人は悪い条件付けを持った人です。文句が多くて、非協力的で、意地悪で、冷笑的で、人生に対してすねております」

まさにそのとおりなのですが、そういう人間が仲間内にいたとき、どう対処すればよいのでしょうか。

まず、同情と理解を持って臨む

同情と理解を示しても自分の意見を曲げてはならない

この点について、博士は次のような処方を示してくれています。

「彼らは心理的な病人なのです。多くの人間が歪んだ心を持っていますが、子供の頃に歪められたのかも知れません。でも、心の病気の人を非難してはいけないのです。あなたは重度のガン患者が言う多少のわがままを非難しますか。そういう人には同情と理解を持って臨むことです」

では具体的にどうしますか。同情も理解もいいけれど、この例で言えば、専務の言うとおりでは会社が潰れてしまうかも知れないのです。

マーフィー博士は、同情と理解を示したうえで次のような処し方を勧めています。

「親切であるべきですが、決然とした態度も必要です。決して降伏してはなりません。正しいことをやり遂げるという意味において、その人の意見に左右されるべきではありません。同情したり理解することと、現実的な選択とはまた別です。健康な人が病気の人の生理や考え方にそって物事を進めるべきではありません」

社長は専務に自分の考えを述べ、協力できるかどうかを問いました。プライドの方を重視する専務は、自ら会社を去ることを申し出ました。理解を示しながら、肝心なことは決して譲らず、自らに意思決定させることがもっとも賢明なやり方です。

36

誰かが妬ましくて仕方がないときの対処の仕方

他人を羨望することは自分自身を貧しくする

「あの人がうらやましい」という気持ちは誰もが抱くものです。それは自然の感情といってよく、決して誉められたことではないけれど、そう簡単に心の整理がつくものではありません。

だが、潜在意識の理論から見ると、これくらい自分にとってマイナスの影響を及ぼすものもまたないのです。では、どう対処したらよいのでしょうか。

マーフィー博士は「他人を羨望し、他人の物を欲しがるのは、自分自身を貧しくすることです」と警告しています。

しかし、この言葉だけでは頭で理解はできても、感情的に抑制するのは難しいかも知れません。そこで一つの考え方をあげますと、それは「どんな人間にも自分と同じだけのつらさや苦労が隠されているのだ」と感じることなのです。

マーフィー博士を訪ねてきた若い女性は、開口一番こう言い始めました。

誰でもうかがい知れない苦労や悲しみを抱えている

「私は最近、会社の同僚女性の一人が憎くて仕方がないのです。彼女はすべての点で私よりも恵まれているからです」

「まあ、そう興奮しないでわけを話してごらんなさい」

彼女は話し始めました。

彼女の妬みの対象になっている女性は、二人が勤めている会社の社長と婚約したばかりでした。その女性は彼女よりも若くて美しく、仕事もできたそうです。彼女はそれだけで一種の妬ましさを感じていたのですが、社長と婚約したことでついに感情を抑え切れなくなったのです。

博士は彼女に、嫉妬や羨望がもたらすものは決して当人を幸せにするものではないことを説明し、「どんな人間にも他人には伺い知れない苦労や悲しみを抱えているものです。あなたはその人の表面に現れた、ごくわかりやすい条件だけを見て妬ましさを募らせていますが、その女性の全てを知っているのですか」と聞きました。

「いいえ」

「だったら相手を祝福してあげなさい。それがあなたにとっても最善の方法です」

彼女は帰って行きましたが、博士の言葉に十分納得したわけではなかったようです。

ところが、しばらくして彼女は明るい顔をして博士を訪ねてきました。そして、彼女は意外な言葉を口にしたのです。

「私は彼女が大好きです。彼女の結婚を心から祝福します」

「何があったのですか」

彼女は次のような話をしました。

最初に博士を訪問した翌日、彼女が会社に出社するとその女性の一人娘（前の結婚でできた子）が初めて会社にやってきました。そして彼女の見ている前で、娘は母親にこう言ったそうです。

嫉妬や羨望を感じるのは、見た目からのものにすぎない

「ママ、私は新しいお父さんが大好きよ。ほら、こんな素敵なプレゼントをもらったの」

その娘は身障者でした。「私はその子に魅かれました。その子が今度の母親の結婚をどんなに喜んでいるのかわかったのです。私は二人に向かって心からおめでとうを言いました。それは私の本心からの言葉でした」

人をうらやましく思えてきたら、自分には伺い知れない悩みや悲しみを抱えているかも知れないと思うのはよい方法です。

実際、私たちの嫉妬や羨望は外形からのものにすぎないからです。そう思えば、嫉妬や羨望の気持ちは消え、相手を祝福してあげられます。そして、その気持ちはあなた自身を祝福することになるのです。

37

込み入った人間関係を解決するとき、とるべき方法

介護保険がやっと動き出しましたが、この問題はどこの家庭も頭の痛い問題です。一人寝たきり老人がいると、平穏だった家庭が壊れてしまうことすらあります。

次に紹介するのは、マーフィー博士がかかわって介護をめぐる複雑な人間関係を解決した事例です。

一組の夫婦が深刻な問題を抱えて博士のところへ相談に来ました。問題とは奥さんの母親の介護問題でした。母親は半ば植物状態で、この夫婦の家の厄介になっていました。だがその負担は大きく、そのため夫婦仲まで壊れそうになっていました。

そこで奥さんは自分たちの兄弟姉妹と協力して、費用を均等配分して母親を老人ホームへ入れたいと考え話し合いに入ったのですが、これが紛争のもとになりました。他の兄弟姉妹はその計画に全員反対したのです。

今まで母親の面倒をみる費用をすべて負担してきたこの夫婦は、この反対に憤慨し、法律的手段に訴えても、計画

込み入った人間関係の解決は利害調整を行っても無理

を進めようとしました。すると、他の兄弟たちも弁護士を立てて抵抗し、さらに教区の牧師も参加してきて、たいへんな騒ぎになったのです。

兄弟姉妹が老人ホームに入れるのを反対する理由は簡単なことでした。要するに費用を負担することを嫌ったのです。実際に負担するだけの余裕のない者もいました。教区の牧師は「今までどおりの形で面倒をみることにして、費用は兄弟姉妹が分担して払ってはどうか」と提案しました。

ところがこの問題には遺産のこともからんでいて、そう簡単に決着がつきそうにもありませんでした。大勢の人がいろんな案を出しましたが、どこかで誰かと利害が対立してしまいます。夫婦は疲れ果ててマーフィー博士を頼ってきたのです。

事情を聞き終わった博士は言いました。

「潜在意識に委ねてしまいなさい。潜在意識は何が最善

潜在意識に委ねることで問題は自然と解決される

かを知っています」

それから博士は、夫婦に祈りの文句を作ってあげました。それは次のようなものでした。

「私たちは母を愛し、母の幸福を心から願っています。そして私たちはいま抱えている問題を自分たちで解決するのではなく、何が最善かを知っている無限の知性に委ねます。私たちの唯一の神の無限の偉大さが、私たちがこよなく愛する母に自由と平和を与えてくれることを心から信じております」

結果はすぐに出ました。夫婦が博士から作ってもらった祈りの文句を唱えた最初の晩に、母親は静かに息を引き取ったのです。

亡くなる直前のわずかな時間、意識を取り戻した母親は、娘に向かって「あなたの祈りのおかげでやっと解放されたよ。ありがとう」とお礼を言ったということです。

こんがらがった人間関係を、その中にどっぷり浸った形で解決しようとするのは得策ではありません。そういうやり方は、すればするほどこじれてしまうからです。

あちら立てればこちらが立たず、あるいはいろんな要素が入り組んで、一朝一夕に解決しそうもないときは、あえて解決策を見つけようとせずに、潜在意識に委ねてしまうことです。

38 リストラ時代に生き延びる対人関係の心構え

リストラ旋風はいまも吹き続けています。それでも若い人たちには、まだ門戸が開かれていますが、定年世代になってからの突然のリストラは、かなりショックなものでしょう。住宅ローンが残っていたり、子供の教育がまだ終わっていない人の場合は、人生の悲劇になるかも知れません。

そういう立場に立たされた人に勇気を与えるような事柄をマーフィー博士のかかわった事例と言葉で、次に紹介しましょう。

ある会社に長年勤めてきた男性が、五〇代になってから突然解雇されてしまいました。彼の周囲の人間は、彼に同情して口々にこう言いました。

「これからたいへんだな。五〇を超えてからの再就職は難しいが、幸運を祈っているよ」

誰も少しも悪気はないのですが、彼を励ます言葉にはなっていません。実際にそうなのですから、これも仕方のな

人の励ましや慰めは力にはならない

いことでしょう。

普通の考え方の人なら、このような周囲の人間の言葉を素直に受け入れてしまうことでしょうが、彼は、これらの意見に同意しなかったのです。そして、「私は友人たちの陰気な忠告に影響されまいと決心しました」と言っています。

これを聞いたマーフィー博士は、彼のために次のようなアドバイスを与えました。

「いいですか。新しい職を見つけることは少しも困難ではありません。あなたは年齢や白髪を売るのではなく、長年かけて培った技術や経験、能力を売るのです。そのことを忘れないようにしなさい」

博士は、彼のために祈りの文句を作ってあげました。

それを毎日唱えていると、ある日彼は、前の会社と同じ業種の別の会社を急に訪問してみたいと感じました。彼は躊躇なく出かけて行って、かねてから温めていた計画を披

顕在意識による選択は
消極的な問題解決

露したところ、彼はその会社にすぐに採用されることが決まったのです。

リストラされると、大半の人は滅入って再就職の困難さを訴えます。マーフィー博士はこういう考え方を「大衆の心」と呼びました。大多数の人が考えたり理解したりするレベルの発想や行動様式を博士はそう呼んでいるのです。

世間一般は九割方は大衆の心で物事を発想し行動します。だが、それは決してよいことではありません。なぜなら彼らは決まって、自己の能力よりも年齢や白髪の方に目がいってしまうからです。

それは顕在意識の領域の話で、この領域で物事を判断し選択している限り、真に正しい選択はできないのです。

39

下手に勝つより負けた方が得をする

上手な負け方は人間関係の争いを穏やかにする

勝負事もただ勝てばいい、というものではなく「カチマケにも自ずと順序がある」と言ったのは、電力王の松永安左エ門翁です。

どういう順序でしょうか。

第一が「上手に勝つ」、第二が「上手に負ける」、第三が「下手に負ける」、第四すなわち一番だめなのが「下手に勝つ」ことだと言うのです。

アメリカでの話です。

一人の男性が困惑した顔でマーフィー博士を訪ねてきました。彼は以前にマーフィー博士の講義を何度か聞いたことのある女性を探していました。その女性は彼の妻だったのですが、彼に黙って姿を消してしまっていたのです。

「私がいけなかったのです。私は妻に内緒で彼女の財産を勝手に自分のために使ってしまったのです。それを知った彼女は私のもとを去ってしまいました。今の私は親の遺産を相続し彼女に償いができる立場です。それで彼女を探し出したいのです」

「私は彼女が現在どこにいるのか知りませんよ」

「では、ここにとりあえず一万ドルを置いていきますので、もし彼女から連絡があったら私が探していることを伝えて、このお金を渡してくださいませんか」

彼は自分の連絡先を伝えて帰りました。まもなく奇跡的なことが起きました。彼女が博士の所へやってきたのです。

彼女は博士の顔を見るなりこう言いました。

「数日前、夢の中に博士が現れ、夫が私を探していることを伝えてくれました。それでこうしてやってきたのです」

博士は彼女に聞きました。

「あなたはなぜ身を隠したのですか」

「夫は私をだまし、すべてのお金を浪費してしまったので、耐えられなくなって家を出たのです」

下手な勝ち方は、人間関係を台なしにする

「彼はあなたを愛しており、自分のやったことを深く反省していました。そして、いま彼は母親の遺産を受け取り、あなたに十分な償いができるので、ぜひ帰ってきて欲しいと言っています」

博士の仲介で二人は再会し、やり直すことになりました。

このケースで彼女の立場は、前記の勝ち負けの順序で言えば「下手な負け」といってよいでしょう。自分のお金を夫にだましとられたのですから、負けであり、それもとうてい「上手に負けた」とは言えません。

だが彼女は「下手に勝とう」とは思わなかった。下手に勝つとは、彼のしたことを非難し、彼からお金を返してもらおうとすることです。それをする代わりに彼女は黙って彼のもとを去ったのです。

この行動によって結果的には「下手な負け」が「上手な負け」に昇格したと言えます。なぜなら、お金が戻ってき

ただけでなく、何も言わず夫を改心させることもできたからです。

夫のもとを去ったとはいえ、彼女もまた夫を愛していました。彼女はずっと夫が「神の導きによって正しい道に戻るように」と祈っていたと言います。彼女のこの気持ちは夫に通じたのです。

だが、もし彼女が自分の金銭的な損失にこだわって、その返済を強引に求めるような態度をとったら、つまり「下手に勝とう」としたら、このような穏やかで理想的な解決は望めなかったに違いありません。

40

人の心を動かすのは利益や恩恵よりも感動

母子家庭で収入がなく、幼児に食べ物を与えられず死なせた母親がいました。

この豊かな現代に、こんな悲劇がなぜ起きるのでしょうか。母親に人間関係をうまく結ぶ能力がなかったことが最大の原因であると思われます。

周囲に知り合いがいて、日常的な付き合いがあれば、いくらなんでも子供を餓死させることなどあり得ません。誰かが食べ物を持ってきてくれるはずでしょう。それすらなかったということは、いったいこの母親はどんな考え方をしていたのでしょうか。

マーフィー博士がメキシコ旅行をしたときに聞いた次のような話があります。

ある男性がガンで余命三カ月と診断されました。彼には妻と小さな娘がおりました。妻は夫がガンと知ると、幼い娘を置き去りにしてどこかへ行ってしまいました。

余命三カ月の父親と幼い娘。悲劇的な状況ですが、彼に

よい友人はピンチのときの支え

はよい友人がいました。

友人たちは治癒率の高い民間療法を見つけてきて、その診療所へ彼をつれて行きました。幼い娘は面倒が見られないということで養女に出しました。こうして彼は命拾いをすることになったのです。

数カ月経って病が癒えた彼は、娘の行方が気になりました。当時のメキシコの法律では養女に出した子供の行方を実の両親が知ることは難しかったのです。一人の友人が彼にこうアドバイスしました。

「四六時中、休みなく娘に会いたいと念じていれば会えるでしょう。愛は消えてなくなることも、眠ることも、疲れることもないから……」

その友人はマーフィー博士の友人であり、博士の著書の愛読者でもありました。

「なるほど」と思った彼は、それをずっと実行しました。するとと、まったくの偶然が重なって、彼は養女に出した娘の養い親を知ることができたのです。娘はアメリカのサンフランシスコにおりました。

彼はさっそく、養い親を訪ねました。普通、こういうケースでは養い親は実の親を警戒します。子供を取り返しにくることがあるからです。また、子供にその事情を告げていない場合もあり、真実を知ったとき子供の心に大きな傷跡を残しかねません。

いずれにしろ、このような父親の訪問は歓迎されることはありません。

ところが、彼の娘の養父母は非常によい人たちで、彼が娘を養女に出さざるを得なかった事情を説明すると、快く娘に会うことを認め（親としてではないが）、この先も好きなときに会いに来ることを承諾しました。その後、この父親は娘と定期的に文通しています。

ギブ・アンド・テイクでない人間関係がある

食べ物を娘に与えられずに餓死させた母親と比べて何と

いう違いでしょうか。親の真情においては二人は大差なかったと思います。だが、餓死させた母親はあまりに人間関係を合理的に考えすぎ、子供の命を救うためにＳＯＳを発して当然なのにそれすらしなかった。

真相は想像の域を出ませんが、それはなぜかを考えてみましょう。

よく「これだけのことをしてやったのに……」と、人に施した善意の見返りのないことに文句を言う人がいます。この母親はこうした文句を言う人の考え方のちょうど裏返しの考え方をしていたと思われます。

つまり「自分は他人に何もしてあげていないから、人からしてもらう資格もない」――という考え方です。

この考え方の根底にあるのはギブ・アンド・テイクです。人には恩恵や利益を与えれば、人もそれに応えてくれる。だが、しなければ応えてくれなくてもそれは仕方がないと思ってしまうのです。

感動は、利害関係を越えた行動を相手に促す

たしかにそういういう人間関係もあります。でも、人間関係はそれだけではありません。利益や恩恵を抜きにした善意の行動もあります。

何の見返りも望まない善意の行動を引き出す要素は何かといえば感動です。人は感動したときにそういう行動を起こします。

先の例で養い親が実の父親に与えた特権も、彼の生き方が感動を与えたからでしょう。人を説得したり心を動かすには、利害や恩恵もありますが、まず感動させることを第一義に考えたらよいと思います。

41

他人の繁栄を図らなければ自分の繁栄もない

誰もがお世話になっている工業製品にファスナーがあります。バッグやズボン、ジャンパーなどに広く使われていますが、このファスナーで世界一の企業を築いたのが吉田工業（ＹＫＫ）という会社でした。

この会社が世界一になるきっかけは、高性能の量産機械を導入したことにありました。ところが、当時は家内工業で十分と思う同業者がほとんどだったため、ＹＫＫが量産体制を確立したことで、国内の全需要を一社でまかなえることになってしまったのです。

同業他社は全部廃業しなければならない。だが、社長の吉田忠雄は「生産はわが社に任せてくれないか。そのかわり商品はいくらでも供給するから、皆さんは今までどおりお得意さんに売ってください。みんなで共存共栄を図りましょう」と言ったのです。

吉田忠雄の経営哲学は「他人の利益を図らずして自己の繁栄はない」というもので、彼はこの哲学を、若いときに

他人のことを二番目に考えることは、他人を考えてないことに等しい

読んだアメリカの鉄鋼王Ａ・カーネギーの伝記から学んだということです。

以後のＹＫＫは発展に継ぐ発展を遂げて、ついに世界一のファスナーメーカーになりました。

普通、他人のことを考える順序は二番目です。まず自分のことが先にくる。自分がよくなって次に他人のことを考えます。

だがマーフィー博士はあえて「他人を第一義に考えよ」と言うのです。なぜか。それは他人を二番目に持ってくる考え方は、他人を考えないのと同じことだからです。

二番目ということは、自分がそう思っているだけで、本当に二番目になる保証はないからです。

「私がよくなったら、あなたにも何々をしてあげる」という約束ほどアテにならないことは、誰もが経験ずみのはずです。

人の行為はすべての他人を祝福し、助け、癒やし、啓発

他人によいことを行えば何十倍にもなって自分に戻ってくる

するためにあるので、他人の利益を取ったり、他人の生命の自由、幸福の追求を侵害する目的で自らの力を使おうとしてはならない——というのが聖書に基づく考え方です。ところが二番目意識は、ことごとくこの考え方に背いてしまうのです。

マーフィー博士は富を増大させる法則として次の言葉を残しておられます。

「富を増やしたいなら、独り占めの発想を捨てることです。惜しみなく喜んで豊かな気持ちで与えなさい。与えたものは何倍、何十倍になってあなたに戻ってきます」

富に限りません。人とのよい関係もまったく同じと考えてよいのです。

このことに関しては多くの哲学者も似たような言葉を残しています。

たとえば、ローマの哲学者セネカは「他人に善を施すことは、自分に善を施すこと」と言い、イギリスの哲学者べンサムは「われわれは他人を幸福にしてやるのに正比例して、それだけ自分の幸福も増すものである」と言っています。

人とうまくやろうと思ったら、真っ先に人のことを考える。これ以上に効果的な方法はないといってよいでしょう。

42 相手の人柄を知りたければその人の仲間を見ればよい

どんな人と付き合うかでその人の運命も左右される

モーパッサンの『女の一生』という小説には、家柄のよい二枚目だが、とほうもなく性悪の男を好きになってしまった女性の一生の苦労話がめんめんと綴られています。配偶者選びも仕事の仲間選びも友人選びも、うっかり選択を誤ると、人生を暗転させてしまうことにもなりかねません。

そこで付き合う人の選択が問題になってくるわけですが、新しく知り合った人の場合、その人がどんな人柄なのかは、なかなかわからないものです。

マーフィー博士は「類友の法則に気をつけなさい」と言っています。

類友の法則というのは、似た者同士は引きつけあうということですが、よい人間同士が引きつけあう場合はよいけれども、悪い性格や状況で引きつけあう場合は、あえてこの法則を打ち破る必要が出てきます。

たとえばアル中の人は、とかくお酒の好きな人と仲良く

似た者同士が引きつけあう「類友の法則」には気をつけよう

なりやすい。でも、お酒を止めたいと思っているなら、酒好きの人との交際は絶つようにしなければなりません。病気がちな人は病人と友達になりやすい。これもできたら避けた方がいい。ギャンブル好きなども友達にはしない方が賢明でしょう。

同じように、いつも不平不満を口にしているような人の所へは、似たような人間が集まってきます。否定的な考え方が得意な人間の周りには否定的な人が……人と仲良くすることは大切ですが、自分が感心しないタイプの人間は、敬して遠ざかっていた方が賢明というものです。

とはいうものの、付き合いのはじめから、そういう特性は見極められるものではありません。ある人間の性格や気質、特性を知りたいと思ったら、その人を見るよりも、その人の周辺の人間を観察してみること。その人がどんな人間と付き合っているかを見れば、おおよそのことはわかるものです。

「その人を知りたければ、その人の友を見よ」と言ったのは中国の孔子です。「あなたのお仲間を見れば、あなたのお人柄がわかります」と言ったのは小説『ドンキホーテ』の作者セルバンテスです。

同時に、その人の好み、どんなことに興味を持っているかを観察してみることも大切な点です。

43

争いごとはすべて穏やかな方を選べ

神の摂理は人智を超えたもの

世界一周旅行の途次、インドに立ち寄ったある婦人は、高価な宝石を有名な宝石商から購入しました。支払いを小切手ですませましたが、まだ旅行の途中だったので、宝石は家に送ってもらうことにしました。

婦人がその旅行を終えて帰国してみると、宝石はまだ届いていません。何かの間違いと思い、婦人はすぐに催促しましたが、宝石商は何も言ってきません。二年間に合計八回の催促状を出してもナシの礫でした。

普通なら「だまされた」と怒り、何らかの強硬手段に訴えるか、あるいは自分の不明を恥じてあきらめるかです。婦人はいずれの方法もとらずに、神に祈り始めたのです。こういう方法が、果たして通用すると読者は思いますか。

ところが、婦人が神に祈り始めてから、購入した宝石は無事に婦人の所に届けられたのです。いったい、何が起きたのでしょうか。

宝石が届かないまま二年が経過した頃、婦人は古い同性

争いごとはケリをつけるより自制した方がよい結果を生む

の友人と会う機会がありました。

「世界一周旅行はどうだったの？」

「楽しかったわ。たった一つの取り引きの失敗を除いてはね」

「何なの、その取り引きの失敗って？」

彼女は事情を説明しました。すると、友人は意外なことを言い出したのです。

「それはひどい話。私が掛け合ってあげるわ」

友人はインドの若い副大統領に手紙を書きました。副大統領が交換留学生としてアメリカに留学していたとき、友人の家の厄介になったことがあり旧知の間だったのです。

それから一カ月経たないうちに、二年数カ月ぶりに婦人が購入した宝石はちゃんと届けられました。その宝石商の長々とした弁解の手紙といっしょに。

「争いはケリをつけるより、自制することの方がはるかに簡単だ」という言葉があります。ローマ時代のストア派の哲学者セネカのものです。

争いの当事者になったとき、感情の動きはそう変わるものではありません。婦人のような立場に立たされたら、誰だって怒ります。だが、対処の仕方は人によって異なります。婦人は明らかに自制する方を選びました。だが、結果はそのことによって婦人はちゃんと宝石を手に入れることができたのです。

なぜインドの有名な宝石商が約束どおり送ってこなかったのか、その理由はわかりません。だが、もし婦人が強硬な法律的な手段に訴えていたらどうなっていたでしょうか。

憶測でしかありませんが、国が違うこと故、かなり面倒な事態になっていたことでしょう。結果的に宝石は手に入れても、多額の費用を費やしただろうし、嫌な思いもたっぷり味あわされたことでしょう。あるいはそれが嫌であきらめざるを得なかったかも知れない。セネカの言うとおり自制した方が楽だし結果もよいのです。

44 すべての人に善意で接すれば人間関係につまずかない

「健康で平和で満ち足りた生き方のためには「すべての人に善意で接するように……」とマーフィー博士は言います。

神ならぬ身の私たちにとって、それはきわめて難しいことかも知れません。にもかかわらず、博士があえてそう言われるのはなぜでしょうか。

中南米の避暑地を訪れたとき出会った一人の老人と博士が交わした次の会話が、その理由を説明してくれます。


ホテルのロビーでその老人を見かけた博士は、あまりの元気な様子に驚き、思わずこう尋ねたそうです。

「失礼ですが、かなり高齢とお見受けするあなたが、どうしてそれほど活力に富み、あたりを圧倒するようなエネルギッシュさを保っておられるのですか。よかったら教えていただけませんか」

「簡単なことですよ。私はあるときからくよくよ心配したり、いたずらに緊張したりすることをやめたのです」

「神と調和するもっとも簡単な方法」を身につける

「それはよい考えです。でも、普通の人はやめようと思っても、なかなかやめられないものですが……」

「そうですね。私も初めはそうでした。でも、どんな人間に対してでも、私は善意で接することにしてから、それはとても容易になりました。恨みや憎しみの気持ちをさっぱりと捨て去ることができたのです」

「それはすばらしいことです」

「それからもう一つ習慣にしていることがあります」

「ほう、それは何ですか」

「毎朝目覚めてから一五分間、神がご自身の活力と精力、喜びと愛と美を私の体のすべての細胞に注ぎ込んでくれ、私の全生命を若返らせ、回復させてくれるよう祈ります」

「なるほど」

「おかげで私は病気もなく、こうして元気で楽しくしていられるのです」

この老人のしていたことをマーフィー博士は「神と調和

心を平静に保てば、善意で人に接せられる

するもっとも簡単な方法」だと言います。

すべての人に対し「善意でもって……」というのは、別に広い心を必要としません。自分の心の働きをいつも平静に保ち、くつろがせ、あるいは自分の仕事に没頭し、それが善であることを認めるだけでいいのです。

そうすれば、あなたは活力と情熱に満ち満ちて元気になり、また人との関係でつまずくことはありません。

45

自分に関し考えすぎないようにしよう

最近「引きこもり」という現象が増えてきています。他人との接触を嫌い、家の中でじっとしている。それで心の平衡を保てるならいいのですが、そうしていても多くの人は自分自身のことで疲れ果てて、神経を乱しています。

人と仲良くしたい気持ちはたっぷりあるのに、どうしてもうまくやっていけずに、孤独をかこち、病気がちの婦人がいました。彼女は長い間、不眠症に悩まされ、神経がぼろぼろになってマーフィー博士に救いを求めてきたのです。

「私は疲れ果てています。長い間、よく眠ていませんし、毎日が死ぬほど退屈で、生きているのもわずらわしい。だって楽しいことが一つもないんですから……」

しばらく彼女の訴えを黙って聞いていた博士は、彼女が話し終わるとこう言いました。

「いま私があなたに忠告できることは、自分に関するこ

人間関係に疲れたら、自分自身のことは忘れて外の世界に目を向ける

とを考えないようにしなさい、ということだけです。しばらく、自分自身のことは忘れて、外の世界に目を向けられたらいかがです？　あなたを悩ませ疲れさせている最大の原因は、あなたが自分以外のことにはまったく関心がないことなんです」

彼女は人と付き合うのが嫌いではなかったのですが、博士が指摘したように自己中心的でおまけに皮肉屋だったため、人が近づきたがらなかったのです。そのため、彼女はいつしか一人ぽっちになり、ますます自分の殻に閉じ込もるようになりました。

だが、そんな自分についに耐えられなくなったようなのです。

彼女は博士の勧めにしたがって、生け花とピアノの習い事を始めました。まもなく生け花は人に教えられるようになり、ピアノも自宅にお客を招待したときの格好の余興になりました。

手仕事は心を蘇らせる

彼女は夜ぐっすり眠れるようになり、健康を取り戻すと同時に、周囲もびっくりするほど若々しくなったのです。

この変化について博士は、次のように述べておられます。

「彼女は自分の抑圧されていた輝きを解き放つことに大きな喜びと興奮を覚えました。彼女は心が乱れているときは、すばらしい治癒のテクニックも美と秩序と調和とリズムと釣り合いとに満ちた自然の中に吸収され、奪われ、引き込まれてしまうということを悟ったのです」

イギリスやその他の国々の多くの病院において、精神の障害をきたしている患者に玩具や財布や椅子を作らせたり、庭いじりをさせたり、草花を植えさせたりすることが習慣になっています。つまり、各種の手仕事をさせることによって、病んだ心をもう一度、健全で正常な状態に戻すことができるのです。

46

自分で自分を罰するのはやめよう

美しく教養もあり豪壮な邸宅に住んでいる貴婦人が、破壊的な精神状況になって博士に救いを求めてきました。

「夜も眠れず、頭がおかしくなりそうです。私は自分が憎くて仕方がありません。もうどうなってもかまいませんわ」

彼女の夫は有名な実業家で、彼女との間には三人の子供がいました、彼女の悩みは過去にありました。彼女は以前は売春婦をしたことがあり、その事実が夫にバレるのではないかという恐怖の中でずっと暮らしてきたのです。

その緊張感と自罰意識からとうとう心の均衡を崩してしまったのです。

事情を聞いた博士は、こう尋ねました。

「あなたは今はどうなのですか。ご主人に誠実に生きていますか」

「はい、結婚以来、私は献身的で貞淑な妻であり、子供たちの良き母である、と自信を持って言うことができま

過去にとらわれるのでなく、現在の思考を正しいものにする

す」

「わかりました。だったら、あなたが直さなければならないものは、ただ一つ、現在のあなたの思考だけです。あなたの思考を正しいものにしなさい。それはあなたの過去をきれいさっぱりと忘れ去ることです。あなたは今や良き妻であり、母なのですから、あらゆる祝福を受ける権利があります。それ以外のことで心を煩わせる必要はありません」

それから博士はある少年の話をしました。

少年は一週間、母親の言いつけを守り、手伝いをよくしました。週の終わりに母親は少年にこう言いました。

「この一週間はとてもよい子だったわ」

母親の言葉を聞いて少年はこう聞き返したのです。

「お母さん、僕は今まで悪いことをしたことがないみたいにいい子じゃなかった？」

「本当にそうね、そのとおりだわ」

どんな過去も現在の思考が正しければ恐れるに足らない

この例を引き合いに、博士は彼女にこう説明しました。

「現在の善は過去の悪を帳消しにしているのです」

彼女はすっかり落ち着きを取り戻すと同時に、溌剌として帰って行きました。

彼女と同じ悩みを抱える人もいることでしょう。そういう人は博士の言われたように考えればよいのです。

過去の出来事、それは良いことでも悪いことでも、現在の思考によってもたらされるものです。現在の思考が正しければ、どんな過去も恐れるに足りません。

47

ひどいショックには「ショックを分け合う存在」を見い出せ

妻に逃げられた男が、そのショックから立ち直ることができず、酒に溺れ、事業に失敗し、財産も何もかも失ってしまいました。

彼は病気で入院しましたが、医者の診断では確実によくなる病気にもかかわらず、回復の気配がいっこうになく、だんだん悪くなっていくばかりです。彼は生きる望みをまったく失っていたのです。

そういう状況で医師の仲介でマーフィー博士と面会することになりました。

博士はこの男と話をし、逃げた妻の前に死に別れた妻がいて、その女性との間に一〇歳になる子供がいることを知ったのです。彼は息子を心から愛していましたが、妻に逃げられたショックはあまりにも大きかったのです。

博士は以前に自分が見舞った友人のことを彼に話しました。

「私の友人は腎臓を悪くし、心臓も冒されていました。

潜在意識は人間を幸福に導くとは限らない

医師からは最低六週間は入院しなければならないと言われていたのです。だが彼はたった一〇日間そこにいただけでした。彼は自分が職場で働いている姿や、家族に囲まれている姿を心に描き、自分が健康になるという激しい欲求を持っていたので、体が自然にそれに反応したのです。あなたはいま反対の反応をしていますが、それはあなたが真に望んでいることなのですか」

彼は「そんなことはない」と申しました。

彼の顕在意識では自分が死ぬことなど望んでいませんが、彼の潜在意識はそれを望んでいるのでした。彼は博士の指摘で、初めてそのことに気がついたのです。

潜在意識は人間をいつも繁栄に導くとは限りません。心の底で絶望していれば、その気持ちの方をメカニックに優先してしまいます。それゆえ、潜在意識は人を滅亡へと向かわせることも珍しくありません。

彼が今、そういう危険な状態にあることを見抜いた博士はこう申しました。

「あなたは親として息子さんに立派な教育を施し、よい友人と愛を与える義務があります。そのためにもあなたは生きるべきではありませんか」

この博士の言葉は、彼の内なる生命力を蘇らせ、まもなく彼は病気を克服しました。その後、彼は新しい伴侶を見つけ、親子三人で幸せに暮らしたということです。

では、彼は博士の言葉で、親としての義務に目覚めただけでしょうか。そうではありません。彼は博士の常識的な指摘に秘められた別の要素に気がついたのです。

人は大きなショックを受けると、深い悲しみや意識の混乱から自分の大事なものが見えなくなることがあります。そういうとき、人はしばしば衝動的な行動をとります。「何であんなに冷静な人が早まったことを……」と周囲から言われるような行動は、そういうときに起きてくるのです。

苦しみを分け合う存在がいれば、破滅的な行動は避けられる

それを思い止まらせるのは何か。「ショックを分け合う存在」なのです。

博士が彼の子供を持ち出したのは、彼の親としての意識を覚醒することだけが目的だったのではありません。彼には自分の悲しみや苦しみ、涙を分け合う存在がいることを彼に思い出させたのです。

どんなにショックな出来事でも分け合う存在があれば、人は自分を滅ぼすほど決定的に破滅的な行動はとらないものです。

48 人間関係ではムリをしないのが一番

外面的には愛想がよく、もの柔らかで、親切で、気立てのよい人物が、とかくガンになりやすいと言います。なぜでしょうか。これは潜在意識のなせるわざといっても過言ではありません。マーフィー博士が次のような事例を挙げておられます。

その人物はあるとき「納得がいかない」という顔で、博士にこう言ったそうです。

「私は潰瘍のことなど考えたこともありません。その私がどうして胃潰瘍になんかなるのでしょうか」

博士は答えました。

「たしかにあなたは潰瘍については考えていなかったでしょうが、長年にわたって心配や憤りや憎しみ、敵意を心に抱いていたのです。それらが潰瘍をもたらしました」

潜在意識は病気を特定しません。もし、特定するなら、病気に無知の人は病気にかからないことになってしまいます。潰瘍を招いたのは、その人が潜在意識の中にずっと埋

ムリをした人間関係は病いをも引き起こす

もれさせていた感情、信念であったのです。

表面的には穏やかで優しいいい人が、ガンになりやすいのは、心の内側では憤怒や敵意を感じながら、それを押し殺したゆえに、より強い毒素となって圧迫、凝縮され、その人を襲うからだと考えられます。

こうしたよくない結果から免れるためには、人間関係において決して無理をしないことが大切です。

「潰瘍やガン、関節炎、その他もろもろの病気にしても、意識的ないしは無意識の思考の結果が具体化し表面に現れたものです。それらの病気に力を与えたのは、その人自身なのです」と、マーフィー博士も言っています。

ある人は医師から皮膚ガンと診断されました。その人は即座にこう宣言しました。

「私はガンを少しも恐れません。なぜなら私のそれは少しも力を持っていないことを知っているからです。私は私の内にある神をたたえ、まもなく健康と美と全体の統一感への私の想念が私の患部へ表出することを知っています」

彼はこの信念を持ち続けたところ、わずか二度の通院で治癒してしまい、長期入院の準備をしていた医者を驚かせたということです。博士は「この人のとった態度はまったく正しいものです」と言っています。

彼が賢明だったことはガンを否定しなかったことです。否定しないであるがままに受け入れ、そこから潜在意識に働きかけた。そこには心理的な抑圧がいっさいありません。よい人がガンになりやすいのは、明らかに人間関係で無理をして、事実に反するような心理的な抑圧を加えているからです。

あるがままの自分を出して付き合える関係を築くこと

人間関係においては決して無理や痩せ我慢はしないことです。あるがままの自分を出して付き合えるようにしなければなりません。

49

職場の人間関係で悩むことはない

職場の人間関係はあなたが思っているほど難しいものではない

会社を転々としている人間に「何の理由で前の会社を辞めましたか」と聞いたところ、一番多かったのは「職場の人間関係」だったそうです。仕事の内容やもらう給料の不満よりも人間関係の方が大きい要素なのです。

この問題に関して、日本とアメリカは共通点があるようです。

マーフィー博士のところへ一人の男が訪ねてきて「私は不運だ」と嘆きました。彼は若くて優秀で、一流大学を出ていましたが、短期間に四つの会社を辞めていました。

「私が勤める会社はいつも雇主が冷淡で不人情です。また一緒に働く立場になった人間たちも怠け者で自分勝手、私に非協力的でした。きっと私は悪いジンクスにはまってしまったに違いありません」

博士は男の説明を聞いてからこう申しました。

「もしかするとあなたは一番悪い常識にとらわれている

人間関係がうまくいこうがぎくしゃくしようが気にせず、黙って仕事に励むこと

のではありませんか。それは職場において人間関係は難しい、という常識です。あなたのように会社を辞めた人はよくその理由に職場の人間関係を挙げますが、辞めない人はまったく逆のことを言うのをご存じですか。一つの会社にずっといる人たちは職場の人間関係に満足しているのです」

職場の人間関係に満足している人は、そのことをことさら意識していないところに特徴があります。彼らは時に給料の安さを嘆き、仕事の内容に不満を漏らしますが、そうやってストレスを発散させて長続きしているのです。

職場の人間関係について云々するのは、うまくいかない人たちだけなのです。

博士は続けて、その男にこうアドバイスしました。

「あなたは次に会社に勤めたときは、会社の人間関係についていっさい考えるのをやめなさい。うまくいこうがぎくしゃくしようが気にしないことです。人生ではどちらも

避けられないことなのですから。黙って仕事に励むことです」

もうおわかりと思います。彼は自分自身の性癖によって、自ら居心地を悪くしていたのです。彼は博士の祈りの処方箋によって、同僚や上役に愛と善意と喜びを与えることを学びました。

その結果、彼の考え方も感じ方も行動も健全なものになり、職場を転々とする必要がなくなったのです。この先も彼は会社を辞めるかも知れませんが、少なくとも「職場の人間関係」を理由にすることはなさそうです。

50

悪や不正を働く人のことでやきもきするな

ある婦人がマーフィー博士に手紙で素朴な疑問を投げかけました。

「前々からの疑問です。この世ではなぜ正直者や善人でも苦しまなければならず、邪悪な人でも月桂樹のように栄えているのでしょうか」

博士は返書を出しました。その要旨は、次のようなものでした。

「人生の法則とはそのようなものだからです。不正直や悪をなす人間も、彼らの信じるところによって結果を得るのです。つまり邪悪な人間が成功と繁栄と健康を信じているかも知れず、もしそうであれば、彼らがそうなるのは道理なのです」

マーフィー博士の著書を一冊でも読まれた方はもうおわかりと思います。潜在意識の法則は人を差別しません。太陽が善人も悪人も等しく光と熱を恵むように、潜在意識は善悪の区別はしないのです。この世には善悪の判断よりも

善悪の判断より大切なもの。それは心の中でどう考えるかということ

大切なことがあります。それは心の中でどう考えるかなのです。

しかし、これでは婦人の道徳的な疑問は解けません。これでは悪が栄えることは善が栄えることと何の差もないからです。

神が善を奨励し悪を憎むことは、いったいどうすれば実現するのでしょうか。この点について博士は、こう説明しておられます。

「偉大な神の法則は完全に公平無私であり、悪に対して善を、善に対して悪を振り向けたりはしません。善が善によって自己繁栄するように、あらゆる悪はその不正直さと邪悪さによって自己崩壊するのです」

天網恢恢疎《てんもうかいかいそ》にして漏《も》らさず――という言葉があります。「天の網は一見すると目があらいようだが、どんな悪も漏らすことなくとらえる」という意味です。マーフィー博士が言われるのもそういう意味でしょう。

善、悪の判断は相対的なもの

では博士は悪や不正について、どのような態度で臨むべきとしているのでしょうか。

「悪人や不正を働く人のことで、あなたがやきもきする必要はありません。あなたの心は建設的に調和的に用いなさい。あなた方は、彼らの幸福を願ってあげるだけで十分です」

もう一つ博士は、重要なことを婦人の手紙に書き添えました。それは婦人が言ってきた善人、悪人についてです。

「善、悪の判断は難しいのです。教会によく出かけ、仕事熱心で正直で隣人に親切、妻や子供に優しい人を善人と呼び、だましたり、不正を働いたり、大酒を飲んだり、暴力を振るったりする人を悪人と呼ぶとしたら、それは浅薄な見方と言わなければなりません」

博士はそれ以上、この問題には踏み込みませんでしたが、実際に悪と善は状況や時代でも個々の事情でも異なってきます。

だから、外面に現れたことだけで判断しては危険で誤りやすいということです。

悪や不正を働く人（……と見える人）のことでやきもきするなという理由はここにもあります。

51 あらゆる災いの中には幸福の芽がひそんでいる

中国には「禍福は糾《あざな》える縄のごとし」という言葉があります。よいことと悪いことは、代わりばんこにやってくる、という意味ですが、心の科学では「あらゆる災いの中には幸福の芽がひそんでいる」と教えます。

博士は次のような実例を紹介して、この教えの正しさを説明しています。

著名な牧師が寄付を集めるために講演を予定していました。ところが現場に到着してみると、あいにくの悪天候で人が集まってきそうもありませんでした。

主催者側は「この吹雪ではとても人は集まりません。延期しましょうか」と言いましたが、その牧師は少しも気にすることなく、「予定どおりに行いましょう」と言いました。会場には、守衛と主催者のほか誰もいなかったのです。

しばらくして、やっと二人の老婦人がやってきました。しかし、予定の時刻になっても他の聴衆は一人も現れませんでした。牧師は動じる気配もなく、たった二人の聴衆を

どんな窮地にあっても
解決する道は必ずある

相手に話を始めたのです。

演説が終わると、二人の老婦人は寄付をして帰りました。驚いたことに、二人の行った寄付の金額は、普段何百人もの人を集めて行うときの金額をはるかに上回っていました。

このことから博士は、次のような見解を述べておられます。

「あなたがどんな窮地にあっても、精神的な方法で考え、祈り、行動するならば、あなたは事態を好転させることができます。自分の考えを繰り返し潜在意識の中に送り込み、そしてそれに従った行動をすればよいのです」

こう言って博士は、別の例を引き合いに出されました。

わずかな人数の社員募集に集まった人の列の最後に一人の少年がいました。常識的に見て少年が雇ってもらえるのは絶望的な状況でした。だが、少年は一つのアイデアを実行しました。

潜在意識の反応によって信念は必ず実現する

彼は列を離れるとすたすた前の方へ歩いて行って、採用係のマネージャーに一枚のメモを渡しました。メモには「どうか私と面接する前に雇人を決定してしまわないでください」と書いてありました。

最終的に雇われたのは少年だけでした。

マーフィー博士は、

「その少年は心の法則を用い、彼の中にあって話すことや適切なことをやる手助けをしてくれる何かを信頼したのです。これは運とか偶然とかいうものではありません。彼の信念に対する潜在意識の反応なのです」と言っています。

52

報いや感謝を人に求めるのは間違い

たとえ善行を施しても、見返りを求めてはならない

ある男性が博士を訪れてこう嘆きました。

「まったく情けない話です。私は水に溺れているところを助けてあげたのですよ。それにもかかわらずお礼をもらうどころか、感謝すらされなかったのです。私は命の危険を顧みずにやったことなのに……」

たしかに彼の言うとおりでした。それは博士も認めました。だが博士はそれにもかかわらず、この愚痴をこぼした男にこんな忠告をしたのです。

「あなたのしたことは立派です。その立派さは誰もが認めるでしょうが、その結果について相手にお礼を求めるのは正しくありません。報いや感謝を特別な個人に求めてはならないのです」

たとえ、ある善行のために多大な努力やお金を供しても、その善行の対象から感謝されたり、報いが戻ってくるとは限らないからです。

博士が紹介した次のような話があります。

ある兄弟の弟が常日頃からこう嘆いていました。

「まったく兄さんにも困ったものだ。少しも親の面倒をみようとしないのだから。あんな親不孝な人間はいない」

弟は献身的に母親の面倒をみていると言い張っていましたが、彼にそれに見合った報いや感謝がないために不満を感じていたのです。

あるとき、兄に対面してその不満をぶつけると兄はこう言いました。

「そういう言い方はやめた方がいい。自分がしたければすればいいいし、面倒みる気がないならみなければいい。みないというなら自分が全面的に引き受ける」

弟は「じゃあ、兄貴が面倒をみてくれ」とは言いませんでした。なぜなら兄は独立して一家をなしているのに、弟はまだ親がかりで母親に面倒をみてもらっていたからです。つまり、母親と弟は面倒を相互にみ、みてもらう関係であったのです。

よいことを行っても、心の中に不満や怒りがあるとよい結果は生じない

この例から、博士はこう述べておられます。

「弟は大きな勘違いをしているのです。たしかに彼が親の面倒はみていますが、同時に彼はその報酬を受け取っている。老いた母親から彼はいまだに面倒をみてもらっているからです。

よいことをすればよい結果が戻ってくる可能性は高まります。だが、それはよいことを施した直接の対象からとは限りません。だから、溺れた人を救った人のような嘆きや愚痴は言ってはならないのです。

そのような考えは、自分の心の中に批判や批難、怒りや不条理な意識が生まれて、それが潜在意識に刻み込まれることになるからです。正しく生きて世の中に始終腹を立てている人が、なかなかよい目に遭わないのもこの原理が働くからです」

53 人間関係の不調は健康にも大きな影響を与える

心と体は密接に結びついている

心と体は密接に結びついています。心が健康なら体も健康に向かい、体が不調になると心も病気になりがちです。このことは近年広く知られるようになりましたが、それでも自分の健康管理のために十分な配慮をしている人はそう多くはないようです。

一人の若い男性が博士にこう訴えました。

「私は目が悪くて困っています。医者は原因がよくわからないが、どうも感情的な原因からではないかと言うのです。今の仕事を嫌っているものですから、職変えを勧められています。それでよいのでしょうか」

博士は、彼の話を聞いてからこう言いました。

「あなたを診た眼科医は半分は正しく半分は間違っていたようですね」

目の障害が器質的な問題ではなく、心理的な原因であるという点では眼科医の指摘は当たっていました。しかし

「仕事を変えた方がいい」が間違っていると博士は判断したのでした。

博士の気づいたことは、この若者は仕事も嫌っていましたが、それ以上に妻とのトラブルを抱えていたのです。

「彼は自分の妻を彼の世界から排除したいと願っていたのです。彼の目がだんだん見えなくなってきたのは、それが原因です」と博士は述べています。

心理的トラブルで原因不明の病も生じる

彼の妻はひどく口うるさく、彼は仕事を終えて家に帰るのも躊躇するほどでした。博士に説明した彼の言葉の端々にそれが伺えました。それでも彼が離婚を言い出さないのは二人の子供にとって母親が必要なためでした。つまり、彼の心は引き裂かれており、その心の葛藤が目にきているのでした。

博士は彼の妻も呼んで二人に心の働きを説明しました。すると妻は夫に協力的になり、がみがみ言うのを控えるようになりました。そればかりでなく、二人で博士に教えられた聖書の一節を読み合う習慣を定着させました。一カ月ほどその状態を継続すると、彼の視力は回復し始め、やがて正常に戻りました。

人間関係と病気の関係は想像以上に密接です。家庭内で病気がちの家族の多い場合は、この側面からの点検も必要になってきます。

たとえば不登校児の存在は十中八九家庭内の人間関係に問題があると言います。

また、若い女性に近年増えてきている拒食症は、母親と娘の心理的な葛藤が九割以上を占めているとの説もあります。「母親の愛情が足りないとき、拒食症という手段によってそれを求める」というのは定説になりつつあります。

母と娘の心理的葛藤は拒食症をも生じさせる

54

家族の人間関係を「特別なもの」と考えるな

親子兄弟の関係は他人との関係とは違い絆が強いと思うのは、遺伝子の関係からいっても当然のことです。だが、家族関係をあまりに特別なものと考えることは、かえって生き方の上でマイナスになってきます。

博士はこの点に関して、次のような事例を挙げておられます。

慢性的な大腸炎で苦しめられている男性が、こう言いました。「大腸炎は私の家では家族病です。母も祖母も大腸炎で苦しみました。きっと生まれつき大腸が弱いという遺伝的な要素と、家庭に特有の食生活からきているのだと思います」

したり顔でこう言った男性に、博士は次のような事実を話しました。

ある大学病院の調査によれば、その病院の大腸炎患者は「母親への依頼心が強く、母親から離れて過ごした日が三〇日に満たない人々ばかりだった」というのです。しかも

濃密すぎる親子関係は子供の自立心を疎外する

彼らは誰も結婚しておらず、また彼らの大腸炎の発生は、母親への依存心と結婚への欲求の軋轢の発生と時を同じくしていたというのです。

博士がこのような指摘をしたのは、その男性も非常に似通った体験をしていたからです。つまり彼は結婚したい女性がいたのですが、彼女を母親に紹介したところ、彼女のことを非常に悪く言ったのです。彼はそのことに強い敵意を感じましたが、それでも母親への依存心も強く、彼自身が強い葛藤の下におかれました。大腸炎はその葛藤の現れと博士は見たのでした。

彼は博士の指摘で悟ったところがあったようでした。彼は自らの手でこの問題を解決したのです。

彼は結婚の準備に入り、花嫁のために家を購入しました。それは母親からの自立宣言であり、母親への決別の意志表明でもありました。

この行為のあと、彼の大腸炎はみるみる治癒へと向かいました。

家族の絆は大切ですがあまりに特別なものと考えると、自立心を疎外し、マイナスの影響を及ぼします。母親離れができなくて結婚対象に恵まれないアダルトチルドレンは、明らかにそうした弊害の現れと見られます。

親も大切ですが、自立して新しい人生を生きていくことはもっと大切と言えます。

子供が親の方を向いて生きることは、過去を見ながら生きることです。未来を見ながら生きなければならないのに過去を見ていては進歩がありません。

たしかに親孝行は立派なことですが「子孝行」があっての話。それなしの親孝行では閉鎖的な自己完結に終わってしまいます。今まで人類がそんな生き方をしてこなかったからこそ、人類はここまで続いてきたのです。

家族の人間関係をことさら濃密で、他人と異なると考えるのは明らかに間違いです。

家族は「血でつながっている」という科学的根拠はない

他人との人間関係がうまくいかない人は、親との関係が濃密すぎる

家族は「血でつながっている」と言いますが、近代の医学はこれこそがとんだ誤りであることを明らかにしているのです。

なるほど親子は遺伝子ではつながっていますが、血液は個人個人がまったくオリジナルに作るのです。たとえ母親と子供の間でも血はつながっていません。このことは過剰な親子の結びつきを考え直す意味でも知っておくべきことと言えます。

親は適当なところで子供を離すべきであり、子供は早く親から自立するべきで、以後の親子関係はもっとも親しい他人の関係でよいはずです。

今日、他人との人間関係がうまくいかない人の多くは、親との関係が濃密すぎるということを知っておくべきでしょう。

55

不幸が追い討ちをかけてくる理由

マーフィー博士を訪ねてきた女性は、今にも自殺しかねない様子でした。「私はもうすっかり絶望してこの世に生きている理由が見つかりません」。彼女がそれから話した身の上はたしかに同情すべき点がありました。

まず最初の不幸は彼女の妊娠からでした。彼女が妊娠中に夫は別の若い女性と仲良くなって、手に手を取ってカナダへ行ってしまったのです。しかも、夫は彼女の財産であった貴金属類から貯金通帳まで持って出て行ったのです。

彼女は生計を立てるために働き、働きながら育児をする羽目に陥りました。彼女の夫はお金を送金してくれないどころか、離婚可能な州で彼女との離婚を成立させ、その若い女性と正式に夫婦になっていました。

「私の周りの女性は、みんな幸せな結婚をしているのに、私はどうしてこんなひどい目に遭わなければならないのでしょう。私はこのまま孤独でつらい年月を繰り返しながら年をとっていくのに耐え切れません」

悲惨な境遇から抜け出せないのは、相手を許さないため

博士は彼女が気づいていない最大の問題点をズバリ指摘しました。

「あなたはなぜ今の悲惨な境遇から抜け出せないと思いますか。あなたが前の夫を許さないで恨みに思っているために、あなたはいまだに前の夫の束縛を受けているのですよ」

彼女にはこの言葉が意外だったようです。だが博士の指摘は正しいものでした。彼女は自分が不幸なのに、夫が自分と勝手に離婚し、新しい妻と平和に暮らしていることに激しい憎悪心を抱いていました。博士はその憎悪の気持ちが彼女をまだ夫に縛り付け、夫の影響の下でもがき苦しんでいる、そういうことを指摘したのです。

「一刻も早く夫を解放してあげなさい。そうすればあなたも解放されるのですよ」

彼女は博士の言うとおりに元の夫を許すことにしました。

「私はこれから前の夫を完全に解き放します。私は彼を完全に許し、彼の愛と平和と喜びと、今の奥さんとの幸福

とを祈ります。私は彼の成功と幸福をともに喜びます。私は彼のために健康と繁栄と心の平安を望みます。私の心は完全に自由で、いまやいかなる確執も存在しません」

この祈りを実行して三週間後に博士は彼女から一通の手紙を受け取りました。そこには彼女の身に起こった奇跡的な出来事が記されていました。

それによると、前の夫が彼女に電話をしてきて、自分がしたひどい仕打ちを心から詫び、彼女が育てている子供のために養育費を負担すると申し出たというのです。

それだけでなく、前の夫は当面の生活のための費用としてまとまった額の小切手を送ってきました。

彼女の幸運は続きました。前の夫との問題で相談したことのある弁護士が彼女に求婚してきたのです。彼女はこれらのいっさいのよい出来事が「マーフィー博士にお会いして指導を受けてから後に始まったのです」という言葉は記憶しておくべきでしょう。

相手を許し、心を自由にすると新しい運命が開けてくる

付1

潜在意識の正しい用い方①

　博士に手紙を寄こした男性は、次のような疑問を投げかけていました。こういう気持ちは多くの人が抱く疑問かも知れません。

「私はまじめなキリスト教徒です。教会へもちゃんと通い、貧しい人に施しをして、教会の戒律や教義に違反もしていません。それなのに私の人生は少しもうまくいかず、精神的な打撃を受け、おまけに病気がちで、経済的にも窮地に陥っています。自分のどこがいけないのかわからなくなりました」

　博士はこの手紙の主と会うことにしました。

　会ってみると、たしかに自分で言うだけあって立派な人物でした。科学から思想、哲学まで幅広い教養を身につけ、神学にも詳しく教会で教えることもある人でした。博士に寄こした手紙のような悩みを抱えているのではなく、そういう人に回答を与える立場に立ってもおかしくない人でした。

「心によらぬものは無用なもの」

彼に向かって博士は何と言ったでしょうか。

「あなたのしていることは、知的遊戯であり、今まで努力して積んだであろう教養を、あなたは少しも心の糧にはしていない。心によらぬものは無用なものなのです」

同時に彼は、極めて旧主的でもありました。彼は神の存在を信じていましたが、彼の考える神は、彼が罪を犯せば罰し、最後の審判の日には必ず彼を裁くような、神秘的で古い考え方の神だったのです。

マーフィー博士は言います。聖書に書かれていることは比喩的な話が多い。六日の天地創造、マリアの処女懐胎のような事柄を、真実だと受け止める必要はない——と。

それよりも大切なのは「潜在意識に刻まれたものは、土地にまかれた種子が、その品種にしたがって実を結ぶように、よくも悪くもすべて具体化される」ということなのです。

この法則に従えば、彼が投げかけた疑問は疑問ではあり

潜在意識に刻まれたものは、よくも悪くもすべて具現化される

ません。

彼自身がいま得ている現実は過去に彼が考えたことであり、それが不本意だというなら、過去の考え方が不本意な人生を招くようなものであったということです。

そして、いまなお博士に寄こした手紙のような考えをしている限り、現状はいささかも打開されることはないでしょう。

もし打開したいのなら、そのような疑問をなくし、自分にとって望ましい未来の姿を描くことです。博士は彼にそのように説明しました。教養人の彼はそれを納得し、自分の人生の再構築を始めました。

付2

潜在意識の正しい用い方②

自分自身の精神力、能力を信じる

博士が講演を終えた後に訪ねてきた一人の男性が「自分はこの先、職を得ることができないのではないか」と心の悩みを打ち明けました。

彼には妻と三人の娘がおり、職を得ることは何にもまして最優先しなければならないことでしたが、それがうまくいかず、彼は自分を「人生の敗残者」と思い始めていました。

博士は彼に言いました。

「あなたの進路を邪魔しているのは、あなたが今ご自分に抱いている否定的な考え方につきます。あなたが第一にしなければいけないのは、否定的な心を建設的な心に変えることです。あなたは自分自身の精神力と能力、経験を信頼しなければなりません。そうすればあなたの人生は完全に変わります」と断言しました。

似たような心境の人も少なくないと思います。人間はうまくいっているときは自信たっぷりなものですが、うまく

精神的な知恵があなたを支配し、適切な道へ導くことを確信する

いかなくなると自分でも想像できないほど弱気になり自信を喪失してしまうものです。だが博士が言うとおり、この世には誰一人として「落伍者」は存在せず、全ての人間にやるべき職務は用意されているのです。

それから博士は、彼にこう勧めました。

「あなたはこう考えたらよいでしょう。あなたの潜在意識の中にある精神的な知恵があなたを支配し、適切な道へとあなたを導くことを確信しなさい。そして素直な心でそれに従うのです。あなたの潜在意識はあなた自身の真実の心なのですから、それに全幅の信頼をおくのは当然です。あなたはそれ以外を信じることはできないのです」

博士の言葉は打ちひしがれていた彼を励まし、彼は博士が言ったことが本当に思えてきました。

それで彼は、博士に作ってもらった祈りの言葉を毎日眠る前に唱える気になったのです。その効果は彼が思っていたよりも早く現れました。

潜在意識の原理から、やるべきことの順序を間違わないこと

彼はある人の紹介で、彼にピッタリの職場にありつけたのです。

博士はこのケースを素材に、祈りについてこう言っています。

「私が作る祈りの言葉は、その一人ひとりによって異なりますが、効果があるのはその内容ばかりのせいではないのです。そうした祈りをする行為そのものがその人のいっさいの思考と感情であり、それが祈りなのです。だから、私の祈りの文句を唱えるようになったとき、もう結果は出ているといっても過言ではありません」

彼がいくら願っても職にありつけなかったのは、先にやるべきことを後回しにしたからです。

普通、人は困ったときはその解決を急ぐあまり、潜在意識の原理の上で先にやるべきことを後回しにしがちです。

博士がいつも指導されることは、この順序を逆転させ、先にやるべきことを先に持ってくることです。博士の祈り

の効果がいかに大きいかは、すでに証明ずみですが、それは人生ではプライオリティー（優先順位）がいかに大切かということでもあります。

マーフィー「人間関係につまずかない」55の法則 〈検印廃止〉

2000年５月25日　初版発行
2015年６月５日　６刷発行

編著者　マーフィー理論研究会
発行者　飯島聡也
発行所　産業能率大学出版部

〒158-8630　東京都世田谷区等々力6-39-15
（TEL）03（6432）2536
（FAX）03（6432）2537
（振替口座）00100-2-112912

（乱丁・落丁はお取り替えいたします）　ISBN978-4-382-05500-1
印刷・渡辺印刷／製本・協栄製本

●あなたの望みをきっと叶えてくれる本

眠りながら成功する（第2版）
マーフィー100の成功法則
マーフィー愛の名言集
新装版・マーフィーの黄金律
マーフィーの成功法則
新装版・マーフィー名言集
あなたはかならず成功する
新装版・あなたも金持になれる
新版・あなたはこうして成功する
新装版・人生に奇跡を起こす
マーフィー愛の人生相談
マーフィー「お金に不自由しない人生」55の法則
マーフィー人間関係につまずかない55の法則

産業能率大学出版部刊